广西少数民族珍贵古籍善本

毛南族经书

◎土話全集壹卷

◎紅筵満供之本

广西壮族自治区少数民族古籍工作办公室
广西少数民族古籍保护研究中心 主编

国家出版基金项目
NATIONAL PUBLICATION FOUNDATION

Gvangjsih Minzcuz Cuzbanjse
广西民族出版社

图书在版编目（CIP）数据

毛南族经书／广西壮族自治区少数民族古籍工作办公室主编．—南宁：广西民族出版社，2018.12

（广西少数民族珍贵古籍善本）

ISBN 978-7-5363-7254-2

Ⅰ．①壮…　Ⅱ．①广…　Ⅲ．①壮族—原始宗教—古籍—广西　Ⅳ．①B933

中国版本图书馆 CIP 数据核字（2018）第 294124 号

毛南族经书

MAONANZU JING SHU

出　版　人／石朝雄

总　策　划／朱俊杰

主　　　编／广西壮族自治区少数民族古籍工作办公室
广西少数民族古籍保护研究中心

责任编辑／杜　洪

封面设计／陈　卓　安息香

版式设计／陈　卓

责任校对／吴　艳

责任印制／梁海彪

出版发行／广西民族出版社

地址：广西南宁市青秀区桂春路 3 号　邮编：530028

电话：0771-5523216　传真：0771-5523225

电子邮箱：bws@gxmzbook.com

印　　刷／广西民族印刷包装集团有限公司

规　　格／889 毫米 ×1194 毫米　1/16

印　　张／7.375

版　　次／2018 年 12 月第 1 版

印　　次／2018 年 12 月第 1 次印刷

书　　号／ISBN 978-7-5363-7254-2

定　　价／130.00 元

编委会名单

出版说明

这套《广西少数民族珍贵古籍善本》收入的少数民族古籍均入选《国家珍贵古籍名录》。《国家珍贵古籍名录》是由文化部组织评选，报国务院批准后公布的一份国家级古籍档案，其主要收录一九一二年以前书写或印刷，以中国古典装帧形式存在，具有重要历史、思想和文化价值的珍贵汉文古籍以及少数民族文字古籍。自二〇〇八年启动评选工作以来，国务院已公布了五批《国家珍贵古籍名录》，其中由广西壮族自治区少数民族古籍工作办公室申报的共二十一部壮族和毛南族古籍入选，本丛书以影印的形式展示其中的十六本，客观呈现其版本、文字、装式等面貌，并以提要的形式介绍每部古籍有关版本的基本信息、主要内容及其在历史、文化、思想等方面的价值，为民族学、少数民族语言文字及相关领域的研究者提供真实新颖的基础资料。由于历史和先人认知水平的局限，这批古籍善本不可避免存在一些落后于时代精神和背离科学的成分，为保持古籍善本的原貌，编者不妄删改，原样予以保留，请读者以历史的眼光辩证看待，取其精华，去其糟粕，发挥古籍善本的当代价值。

序

少数民族古籍是指各少数民族在历史上形成的文献典籍、口头传承资料及碑刻铭文等，其内容涉及政治、哲学、法律、历史、民间信仰、军事、文学、艺术、语言文字、地理、天文历算、经济、医学等领域。少数民族古籍主要分为两大类：一是有文字类的，二是无文字类的。有文字类的民族古籍包括：一、用各少数民族文字及少数民族古文字记载的历史文书和文献典籍；二、用汉文记载的有关少数民族内容的古代文献典籍；三、用少数民族文字和汉文记载的有关少数民族内容的碑刻铭文。无文字类的民族古籍主要是指各少数民族在历史上口头传承下来的具有历史和文化价值的各种资料。少数民族古籍从载体形式上可分为书籍、铭刻、文书、讲唱四大类。

在广西的十一个世居少数民族中，壮族、京族、彝族、水族有公认的本民族古文字，毛南族在小范围使用毛南族土俗字，瑶族、苗族、侗族、仫佬族、回族、仡佬族等民族基本使用汉文或以口碑传承。除彝族的老彝文曾经在本民族上层统治阶级中使用外，其他民族古文字历史上都没有作为本民族统一文字进行规范推行，仅限于民间使用。一般认为，唐宋时壮族民间出现利用汉字及其偏旁、部首，仿照汉字『六书』构字方法创造出一种叫[$sau^{1}dip^{7}$]的文字，直译就是『生字』，即没有成熟的文字，又称『土俗字』，学界称之为『方块壮字』，现称『古壮字』。它的用途：一是抄写民间信仰经典，如壮族麽经、壮族师公经书等；二是用于民间文学创作，如壮族民间神话、故事、传说、民歌、剧本等；三是用于记录碑刻、谱牒、契约、乡规民约、地名等文本中的壮语。十五世纪，用汉字构字方法创制的喃字出现，今在广西京族三岛地区流传使用。分布在桂西北的水族曾流传使用过一种自创文字，水语称为『泐睢』，译成汉文为『水字』『水文』，俗称『水书』。水书有三种类型：一是象形字，主要以花、鸟、虫、鱼等自然界中的事物以及一些图腾动物如龙等的形象为底本撰写和描绘形成文字，有的类似甲骨文、金文；二是仿汉字，即汉字的反写、倒写或改变汉字形体的写法；三是民间信仰文字，即表示水族原始信仰中的各种密码符号。水书在当今的广西水族地区已难见踪迹。而毛南族的古文字——毛南土俗字，仍在环江毛南族自治县毛南族聚居区流传，主要为毛南族民间信仰职能人员和歌手使用，用于抄写民间信仰经书、创作民歌、记录文书等，是与古壮字同类的文字。无论是用汉文或用民族古文字抄写，还是以口碑传承形式流传下来的广西各少数民族古籍，它们都是广西民族文化或地域文化的重要载体，真实记录了各个民族披荆斩棘、艰苦创业、繁衍生息的历程以及各少数民族之间交往、交流、交融的历史，可为我们追寻先民足迹、弘扬民族精神、维护民族团结提供珍贵的精神滋养。

广西壮族自治区党委和政府历来重视少数民族古籍的抢救、搜集、整理和保护工作。从一九八六年三月广西壮族自治区人民政府下文（桂政发〔1986〕36号）成立广西壮族自治区少数民族古籍整理出版规划领导小组及其办公室（二〇一五年更名为『广西壮族自治区少数民族古籍工作办公室』，增挂『广西少数民族古籍保护研究中心』牌子）以来，在广西壮族自治区民族宗教事务委员会的直接领导下，广大少数民族古籍工作者团结一心，兢兢业业，认真开展全区民族古籍的普查、抢救、搜集、整理、翻译、保护、研究、出版、利用等各项工作，取得了令人瞩目的成就。三十多年来，全区抢救搜集的各少数民族古籍达到一万多册（件），壮、瑶、仫佬、毛南等民族古籍无论是内容还是形式，都逐步丰富多样地呈现在世人面前，并呈系列化趋势。然而相比抢救搜集到的民族古籍种类和数量而言，翻译整理出版工作却严重滞后，已翻译整理出版的少数民族古籍不到两千种，大多数珍贵的少数民族古籍仍藏在深闺，未能识读，更谈不上研究和利用。究其原因，主要是民族古籍是一门新兴学科，起步晚，翻译整理人才缺乏，学科理论建设基础薄弱，翻译整理少数民族古籍难度大等。

一方面少数民族古籍具有珍贵的历史、文献和学术价值，另一方面大量古籍抄本未能识读，加快翻译整理出版成为当前少数民族古籍工作迫在眉睫的任务。同时，少数民族古籍内容广博，涉及历史、哲学、信仰、文学、语言文字、艺术等多门学科，个人难以独立进行翻译整理，需要不同民族、不同专业领域的社会力量共同参与。鉴于此，由广西壮族自治区少数民族古籍工作办公室（广西少数民族古籍保护研究中心）与广西民族出版社共同策划该选题，以期为加快广西民族古籍的整理出版工作做一些有益尝试。

本丛书收入的是自二〇〇八年以来列入《国家珍贵古籍名录》的广西少数民族古籍，均为用古壮字和毛南族土俗字抄写的民族文字古籍。其中壮族古籍十四部，毛南族古籍两部，共计十六部，主要为民间信仰类古籍（含壮族麽经、壮族师公经书、壮族道公经书、毛南族『肥套』还愿经书），内容涵盖壮族布洛陀文化、毛南族『肥套』两大国家级非物质文化遗产，是广西民族文化名片的集中展现。本书的整理方法为原件影印，每个抄本做著录提要，提要内容含版本、种类、作用、特征、编纂缘起、题名含义、主要内容、艺术特色、文献价值、搜集来源和现藏单位等信息，首次向外界展示了广西少数民族古籍在哲学、文学、民间信仰、民俗等领域的代表典籍，集历史价值、文献价值、艺术价值于一体，为广西人文社科基础研究提供一份新颖、真实、可靠的史料，从中可见广西民族文化的深厚底蕴。

本丛书所展示的代表性少数民族古籍精品，是少数民族古籍工作者三十年来广泛普查、全力抢救、精心保护的集体成果的一部分，也是广大基层民族文化工作者、民间艺人、民间收藏者为民族、为国家无私奉献的一份珍贵精神财富。今天我们有幸将这些珍贵古籍展现出来，一方面是与社会各界共享古籍保护的成果，另一方面是期待有志于少数民族古籍研究的各界专家学者、爱好者加强对文本的解读翻译，挖掘其内涵，推出系列成果，繁荣发展民族文化，进一步铸牢中华民族共同体意识。

目录

壹

土語全集壹卷

土話全集壹卷

不分卷，单册，六十三页。佚名撰，清光绪三十年（公元一九〇四年）抄本。绵纸，线订册页装，毛南族土俗字抄录，墨书。页面高二十一点五厘米，宽十七点五厘米，每半页七行，每行经文十四字。入选第二批《国家珍贵古籍名录》，编号06857。

《土話全集壹卷》属毛南族『肥套』经书。『肥套』为毛南语，意为还愿，是毛南族民间信仰的一种祭祀仪式。『肥套』仪式根据不同还愿目的分红筵和黄筵两种。红筵是人们向圣母娘娘求子许愿后所进行的还愿谢恩仪式，它来源于一个古代民间故事：孤儿仲定得圣母娘娘赐妻生儿，后因犯错失子，经请神还愿，才再阖家团聚。黄筵是因为家中人畜不安而许愿后所举行的还愿感德仪式。还愿仪式要请师公主持，单家独户设坛举行。二十世纪五十年代以前黄筵和红筵都是单独举办，今两种仪式合并进行。活动一般一代人举行一次，也有两代、三代举行一次的，时间间隔越长，规模就越大，费用也就越多。一般一代人所举办的称『还小愿』，需请六至十名师公来做法事，用一头牛、七头小猪以及鸭、鸡等共二十六只禽畜作祭品；三代时才举办的称『还大愿』，须用七十二牲作祭品，耗财极大。活动时间一般为三天三夜，也有长达七天六夜的。由主祭师公念咒语唱经书，其余师公手持法器，身穿法衣，头戴诸神木面具，轮番跳三元、灶王、三界公、陆桥、圣母娘娘、雷王、三娘、土地、瑶王等几十种神的舞蹈，边舞边唱，进行点鼓、接祖师、做红筵、架桥、雷王坐殿等仪式。『肥套』融合了毛南族口头文学、戏剧、舞蹈、音乐等艺术元素，成为内容丰富的民俗活动，承载着毛南人祈求民族生生不息、发展繁荣的美好愿望。二〇〇六年五月二十日，毛南族『肥套』经国务院批准列入第一批国家级非物质文化遗产名录。

该书属于『肥套』中的红筵，在毛南族民间举行接家先送福、接妻新婚等还愿仪式时念诵。

《土話全集壹卷》的『土話』指毛南语，『土話全集壹卷』意为用毛南语记录的还愿仪式一卷。

全书包括接家先众神、占接妻新婚、占接家先送福、占献酒六官、占三祖返驾谢婆王、占开神像等十多个章节。记录举办红筵还愿仪式的程序、步骤、准备的牲品及唱词等。以求通过举办仪式，保佑主家早生贵子、六畜兴旺、福禄盈门。

过去学术界认为，毛南族只有自己的语言，没有自己的文字。《土話全集壹卷》经文全部为毛南族土俗字抄写，且文字造字方式多样，记录音、义相对准确，自成体系，改变了毛南族『有言无文』的传统观念。该抄本抄写年代确切，在南方民间信仰经书中版本较早，对研究毛南族历史、文化、信仰、习俗、语言、文字等均有重要参考价值。

该抄本由广西壮族自治区少数民族古籍工作办公室于二〇〇八年从河池市环江毛南族自治县下南乡下南村下朴屯搜集，今藏广西壮族自治区少数民族古籍工作办公室。

光緒三十甲辰年九月癸巳日

拾方依様

譚仁泰號

譚現鰲號

起仁

垓中鼓樂鬧喧ㄷ○三迎四召接家先○

劲通敘言提樂器○奀吹朋比办上蝕○

要席作打供劲千○油添灯盏作肥光○

憒坡更暖供五樂○便襯更㖄另昆勾○

先發糕粿拜臨㘩○楼前土地奏石珠○

門户臨時建聊呢○恒乡土地迓雲龍○

伴值坤崖騎德虎○四盯大品汏崖山○

月值邦南騎龍鳳○飝趕乙柰汏杰爺○
庚辛西巨騎德馬○更用趕卡汏西衙○
時值騎𩢷通曉海○趕拜克抹更用船○
銀河中央飛雲路○騰雲駕霧𨇽墓塡○
先往東方甲乙木○騎車拚櫻螞孫令○
二往丙丁南方路○便䘐更魁点灯爐○
三往庚辛金德召○金槐銀轎接家先○
四往北方壬癸水○𣶒老𣶒請汏船通○
五往中宫土德召○墓門大庙正閙衙○
𠃋𠃋公奴請之呂○𠃋𠃋家先咕之螞○
西齊都加路螞卡○仟花萬朶請西螞○
列位公奴衆三祖○高○曾○祖○父○蟋滲城○
閙大麒麟打三炮○皷手吹嗩派的言○
吳挑欄轆趕論哭○趕坤噉離押之桃○

㸚了宛旗蹊流列○起坤用歇打雙鏐○
㸚了都加提越斧○碗籏金鼓里㚬班○
傘儫作𥫩引坤起○行𧾷行懶里項登○
轎那轎倫㒷你甲○吳伕提搭媽已苟○
公老坐㯓八吳抬○強論爺台𨙷行鄉○
筆寫文章應答印○筒烟糖纏吊寶花○
列位公奶媽𡘋道○慱㑞跌皆請吉辰○

𠜱乃抹双金朝乃抹大利○旼生氣天衣
時乃正五富存乃咍公奶客情打㷉強○
香線挿金炉焜拜㷉昆奥公吳老眠𩏂○
發粒粘拜咍請三祖吉辰敖宅神土地迎
珈呢刮添請紅筵土地勸四位功曹請銀河
使者○劳駕供聰明替劲民辛苦替𧮂咍公
奶○請𧊅媽呐道○押敖鐚銀河邗土地買麻唔

又打肥捏一揑請土地脊百几姓住下叅
都巴刲嗎恒拜畋鼻刲叒請買寸領筵刲
螞豩䛌土地
文肥揑第二請土銀河曲嶆之騎馬唔許
語肥齊存䛌登咕犽宜糍拜查請之螞時
柰
二揑請買麻又打捏第三請芒豩土地

邦拜䎲肥㕧邦拜㮓迎甶筵刲了之螞
三捏請買螞又打肥五办
肥先办梵𥂫提桐烟肥楝木星引西螞二
办查拜右坤沐禄里黯点灯熄作引三办
徊西方石坪肥轎𧗽時乃西宜螞又打办
第四㶇諎踔南帮㶇老船作汏五办大中
㚒坤大平又巴土地𡿨螞豩

五劢請買耩 又打肥十奏
一奏抹糍粘二迎纆謹庙三奏召嚜门彡四
奏約趷起五奏赶乙亥六奏拜断蹠七奏
引起坤八奏令土地九奏哌作咖十奏麻
時乃 脊糍糤拜令脊箸萌拜召奏迸
庙銀河拜天高四處請土地宅神麻安身
孰坐俉趺箸托卡耩安坐肥齊

土地軙周全点上趖下席哌俉立原因講
比陳土地呋十二矣西戕曩齊寅十矣都
麅门头嬦作皴坫白迦劲始爱㸒翰相師
耩右趴耩度三交要恒拜軙殿畂更想金銀
昽𠃊愛召繭更願拜肥仙西天了姗嬈恒矣
老更拜昽姗刮又咗又抹埧小娘对肥欢唱
𠷁又講訟第二𠃌土地起嚏难韋恒𫝆矣老呐

㤿涍暧射起坤邦之吁喇叭之略嘿又講訟第
三眩乃间請公海敖動恒拜要禝鞋(作)乱要祸
綴作萋要箇烟肥楝德孔恒德通四十八庙
門德眩恒德起德𣗳恒德通𨖾青彦䢖雇
𨖾白虎加今𨖾乾坤艮巽德彖公德取拜
震禸坎兑拜合合公奴小娘嗎拜腊用𢍉
那都孩孙始𡡒用鬼斧馬𢙺孫令拜大歇(坤甫)

今𨖾說𪁿登𨖾墓門大庙一買請矣几
二買取矣娒先登𡢃有快𡬶𡢃䜌先請本公公(請)
時乃請西㱿存乃咍之𡢃
邦請之買𡢃佰又打肥㹸
一挰請家先焜香𨖾佛奉奴哘公說𣇵
和吳奴登咍𩑡粗𤆵𤇢𣂀𩑡粍𥹭乃起宜
𡡞办𡖭拜要禝鞋作登𡢃对存对時宛𩕳

作便巷宛傘作昆登起坤論𧺫老打三炮
嫐㑐吴卓吹朋比納土地引坤引吉辰三祖
引公木公卓𢿛供荷供姑供房族岜顏敗
乃间肥道敖迆螞送花螞都加喜賀
一揑請買螞又打肥二揑
又肥揑第二牙土地起迺拜震崗咕公拜艮
巽加今拜乾坤合侖拜坎兑祖宗拜青雇
白虎拜朱雀玄武話認許㦤𧰼八山二十四
德地恆德今吴都楖（都反）定限螞都同宜苻肥对
老都加天起坤轎敆倫敆那宛金瓜謹旗
抌之枇打鼓倫𧺫府行香螞嘵筵吶道敖
西螞送花螞都加喜賀
二揑請買螞又打肥三揑
又肥揑第三陰間𧖴木禄公奴毋敆陰

丁宅神土地恒海記要纆用肥態字号請
公老公卓鑼叭㣧之右請三祖都迮下路墓
填之干邦奴起肥母邦拜有肥販邦拜村校迮
銀邦拜塘豹魂邦擄及卡砧邦挑蛙大町邦
拜罢肥工邦拜饕多諾邦拜学讀鱔邦迮刲
拜可邦昀朴謹狌邦拜㯭肥賽便敓誕之
螞邦曉衙办事土地報鑼讝眩乃间䶵

道赦公螞送花齊都加喜賀
肥三捏以畢召聖歷以周納供佚乙馬
護駕公螞豫犽粋粈拜召拜奏靡靡齊
螞豫𤇭存乃
三捏請買螞又打肥五办
肥先办焚香東方甲乙木樸洛架都牌
登襪鞋抹汏便趴卡之莫治利等西公

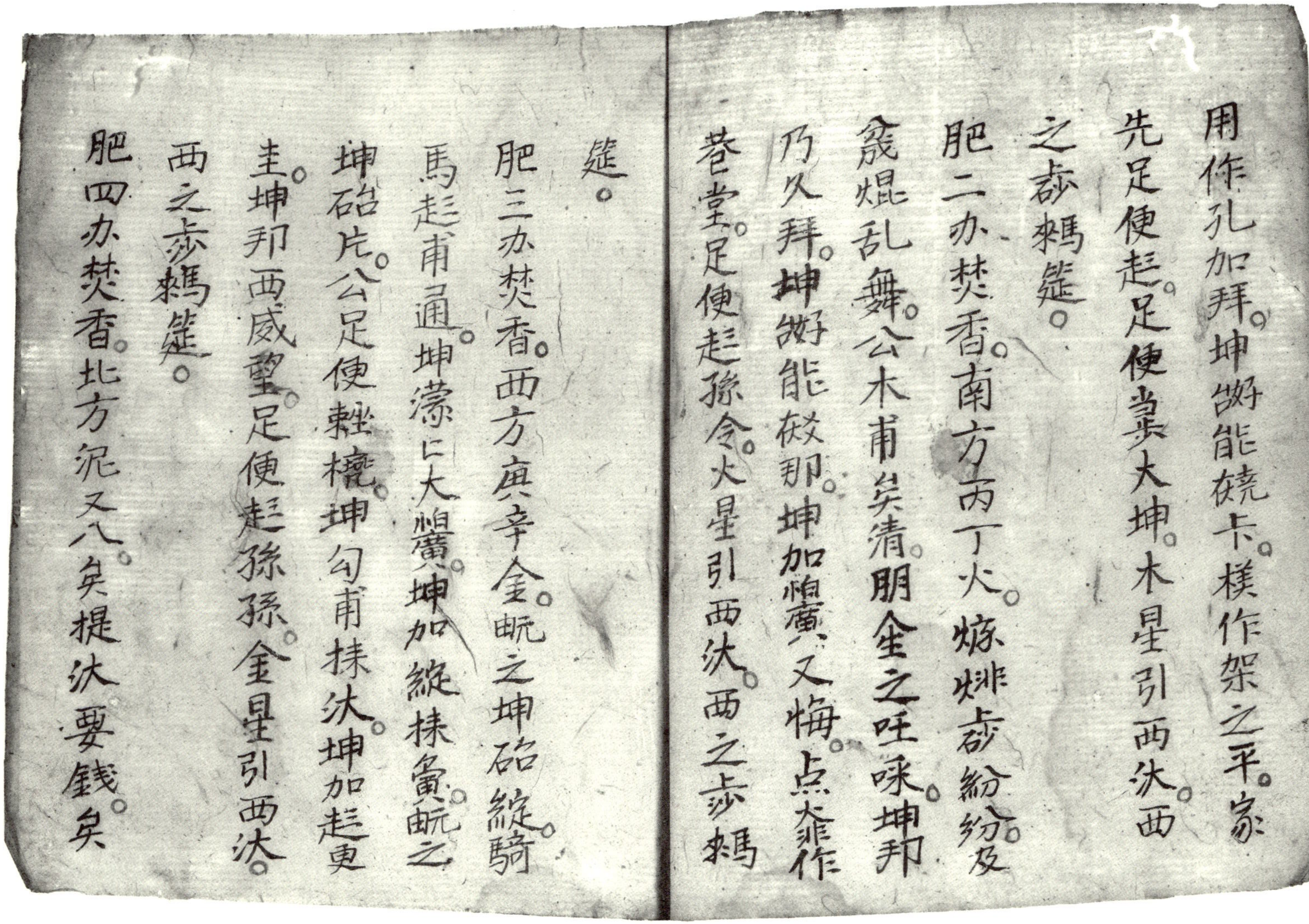

提舡要告。治利作九文。起坤海赶流用。
屋惧麦船。色文錢用卡。吞加更徒奴。等
其求西害。公更妹錢文。水星提。西汏西。
之赤鴹筵。
肥五办焚香。大坪甿坤埂邦坤埕屑㳄。家
先用起卡。騎馬足便拋。鴹豂遡呐道衣
老更丘眊。坤蒙々大城。邦馬品拜言。家

先更憂乱。才宜轉。逾坤。土星引西汏。西。
之[赤]鴹筵。
五办肥周全。再添肥十奏。
一奏召三祖。二奏咕公奴。三奏鴹肥了。
四奏召肥齊。五奏西打担。六奏納伕提。
七奏開㣔老。八奏炮蟪城。九奏登之汏。
十奏赤鴹豂。重劳烦土地。起四処卡

叁敖宅神土地依大路加逾依坤造加查
拜請奴多公拜艮巽加今拜乾坤坎兑拜
合会肥齊請虵馮存乃條奔燕拜敖重奔箸
拜今跌跌箸陰請公箸托筒之馮一買請
吴𡸝二買取吴婳先請等馮䟕䓍馮詵
先請本公厶厶二位公奴存乃請西𨃚時
乃咕西馮𠰷跌箸双陰馮安身受坐𠰷跌箸

托卡馮安坐紅延
重劳烦𡟰河𧌒㣑拜林烈德地恒德今
請供傕豫卡請供妃豫麦請供佚乙馬
請吴把桐烟請吴连提搭請吴甲之枇吴
提鎮碗傘吴馮办色茶吴打鍡送炮哇
吹鍔赶坤吴彈琴朋比梳老四吴桶吴
轎倫轎那完嗎虵馮豫畋乃间請公

箬托筒之螞請公謹請奴西宜螞時乃。
語跌箬双陰螞安身受坐語跌箬托下。
螞安坐肥齊。
間三迎四召。䗨轎之螞[illegible]榔相之綀馬橈
作那街前。安家[illegible]位螞作主証盟起身
三礼拜。
公老大地又本山
鳥号念譚作香火
不硫安身坐結款
𠬠乃旁駕良乱[illegible]
更萧姑𡚸近阿在
馬前苛
恩情公奴更原老。積論吞寶劢神農。

[illegible]登更抹喟。[illegible]恩敫[illegible]之正差。
劢捧公奴都乃叔。馬前初礼拜家先。
恩情公奴更抹喟。由奴能誧[illegible]完伍。
打[illegible]拜[illegible]完办。拜道拜往[illegible]完装。
旼[illegible]肥[illegible]合結議。馬前二礼拜家先。
[illegible]屑淯[illegible]湰。松樸屑櫈[illegible]屑[illegible]。
福[illegible]他[illegible]完受抹。間呐叔[illegible]更抹[illegible]。

拜謝三尊合結議。馬前三礼拜公他。
肥三礼周全。梅香香献。㪂家
菘香原𧊅敀嶢菁。要芏媽碓了之興。
樸梢肥根𠈌娄利。堆磚藥紙作都杧。
起点完酳箴論練。梅核香線献家先。
移恭原𧊅嶢岐菁。五月𤎅蹯燈𫋟董紅。
全通鄉村哌迎意。揞𥁞𩖨𤎅煎肥茶。
㔗幹提媽敬番合。潮州茶奉献家先。

启穋。當初制肥粠。三百六谷㔗神農。
𤝧譱㶡分作粠邦。八月一摡収麻𩟇。
全通世間計门老。五谷為主献家先。
古時杜康置肥涍。矣詣矣老便完年。
腊樸作強涍之恨。再坟作少涍又𠖈。
矣客踰𩟇要肥老。又眉壹涍献家先。
貨瓦時𤜟魯仙制。矣老矣傎𩟇由爱。

供俗吴雖㑛肥匠。眉邦豪盞又肥花。
廷買抹麻之蒲强。又派瓦盞献家先。
献貨向由魚。烤扮瓶汁献。
作盞第一献家先。臘間㕥乃門肥筵。
照依古前謝圣母。請公三祖蘇送花。
腊少客打作休强。初盞正献供家先。
讶命夫婦結婚姻。生男有女甫由魚。

仲定卡叁制肥道。間[illegible]更抹爛。
蟜許花山㕥乃謝。腊間劳駕敬双巡。
三尊聖母花山殿。分花輪轉作卡叁。
時蟜射買帶孕。許愿衆聖保妠蔺。
腊姶[illegible]全。㕥乃算便謝媆王。
四季正旺元抹齊。蛀腊乖鼓能畧𠊎。
納腊讀戝種忿貴。連中三寄元抹魚。

靠望吉辰麻送福。添粮添禄納閅訋。
五富正旺福祖福。又保腊间功協勇。
矣学肥王盒農。五谷豊登収的顔。
㭊齙粍䊵救矣火。分鐳能畧矣石崇。
六。合。吉辰正文才。便化肥匠仏元數。
䏖变㧋雖𨑩元用。刀花龍鳳流分凤。
通達卡閔𨑩元旺。四方財進麻㸃訋。

七甲菩南赤麻休上。金银先数的休上坏黑。
拜卡拜休肥生意。一本萬利麻的㸃。
暮氏分晃倫謚老。家内進寳分墙城。
八。仙坐位尭休上㕘。䢅農孝順之一名。
張。公筆金冩字恩。九代不分尭都牌。
朝𧿹氏𨑩鐳分向乃。勬顔禁戒用究愁。
九曲明支送肥寅。又訟了禁作拜倫。

刦熬妖婧及尼嗑○管符乱騷盡𪂹迓○
三六丹桃禁婁呂○紅鳶天喜又麻添○
十盏完備献衙班○供伏伺候更抹嚬○
天公麻豫都加閿○客情眉燈之㗊𣞻○
碑暮罢筵齊返鴽○吴㗂少話立通陳○
刻位供公奷○元齊麻𪚥𪚥十盏献吉辰○
公奷莫安身○䏴比陳鄉貫○

十盏完備敬家先○盼乃肥筵請西公○
腊間㝁閿請西鴉○客情办打代登敬○
胖乃盼孥更講強○更彼時仟𦟀多𩈯○
公鴉輕界閿分能○郎間有眉心敬吴老○
盼乃要涛代登辛○三吴执[种斤]盅都加亂○
五吴执碗都加燦○十吴衆壷都加閿○
涛㘈肥定更丘覔○上砂那𨕭刦牙㝁嚐○

得向得嘞作肥寅。烈位吉辰呉為唎
西敎道謚舐道昰。間隔下乢更抹貶
公卓公木邦托倫。買累嘞寅之另掲
德向德唎作肥寅。敬供吉辰西肥氿
烈位坐那更小乃。盼乃客舅更小講
公奴包丕供郇間。南少濤仰用忌怪
矣咽叩拜跪家先。䏧鋙文嗓立盤古
朝老甲子性上元。矣𡀔灯強便更難
天。地。玄黃肥公王。攢制肥𧰼嬈大罷
攢制礿祧作裝躬。能令伐苳要作䩝
又要菩荷作肥西。矣千萬𠢪那刀囊
㳟䦆由曼倫標蒲。色那克胥元更妹
能呐伐楧肥㱕蚁。論隊猩西敎大罷
淰泂夭下了上元。女媧矣仙又另置

朔三朔四教劢蒲 ○ 八月逾秋偿吞𨯸 ○
下地㴬潫淛䑋岜 ○ 跐農都加逾妫卞 ○
三𠛁𣿅波論吞船 ○ 朝住上元了娄吕 ○
女媧伏儀置麻倫 ○ 大白金星說向乃 ○
說農多跐結婚姻 ○ 另制肥住敀鄉下 ○
跐農外那你强仰 ○ 另𨑓南山邦加𩹴 ○
另納女媧另𨑓取 ○ 𨑓遡金龟脩道人 ○

說戥真農敀跙峊 ○ 伏儀𨑓逢女媧娘 ○
郎加𧹞嘴結婚姻 ○ 臨時娘身𧹞带孕 ○
𡲅胎降生郎包衣 ○ 大白臨時𡥈登怕 ○
劢孔都䴉托𨶒间 ○ 十陀劢𦋺九劢始 ○
老另都别肥𧰙住 ○ 通達卡吞圣母置 ○
𧉭有巢氏制肥𧰙 ○ 請矣魯班肥師巫 ○
神農制㮓救飢㢆 ○ 朝王杜康制肥渚 ○

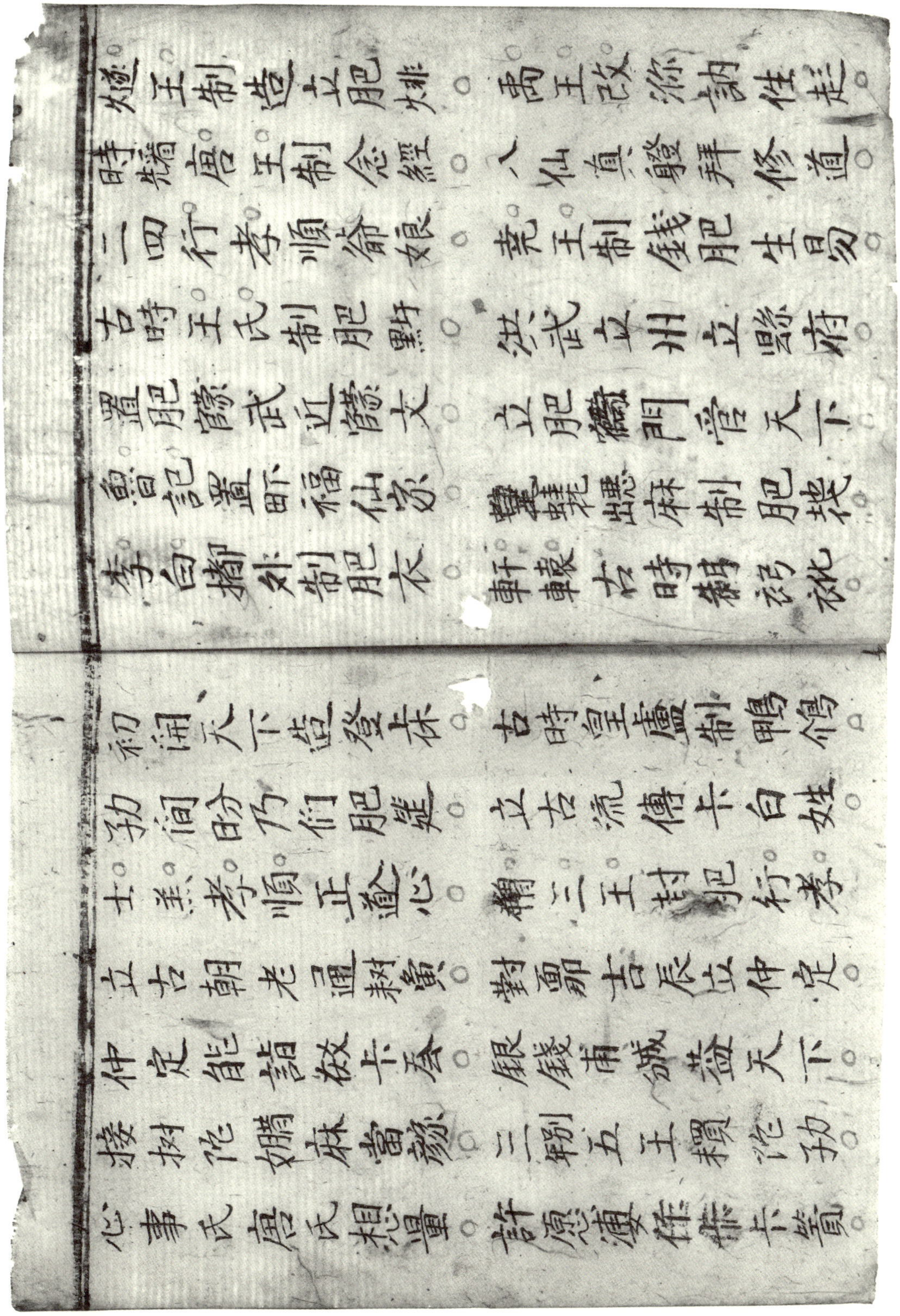

萬歲補種們造𧰼○䯄五劢班戎劢始○
劢𩰪甫𠈹忿秀才○劢始甫雖𥝩肥絀○
劢班劢始㞩双全○倫們能瞞更办謝○
提愿趕卡棚作㳽○七劢臨時交引化○
仲定時加大操心○憽伲盼匕果克怨○
鏍别另轉趕都𨗴○拜那大堂跪圣母○
仟萬叩首拜婁王○萬歲更唁都訟話○

太白麻卡替們扮○為恒心仰可仲定○
許愿神聖恒更还○萬苎花山勾文簿○
七劢回路麻门楼○登鞋剖勾坐西消○
陀詣陀老坐温等○仲定稔倫拜之啐○
奴引燈介更拜螞○㼌拖淰澌之囊跪○
陀老陀詣交引唁○爲蟰恒瞞奴圣母○
萬苎勾簿螞花山○更訥敝𧰼西的伲○

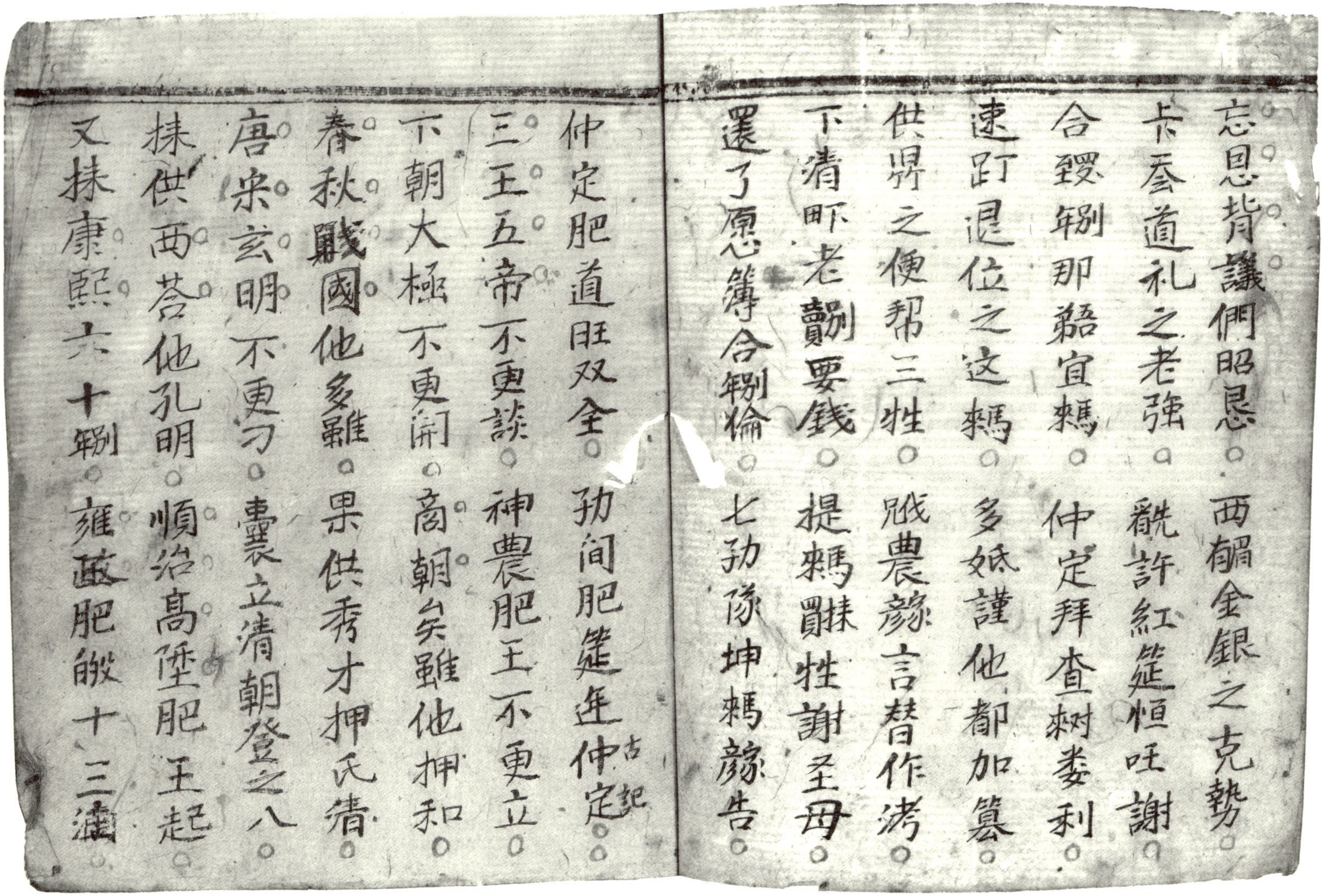

忘恩背議們昭恩　西𠋠金銀之克勢
卡叁道礼之老強　䊵許紅筵恒旺謝
合鏍𨱁那𬓑宜鎷　仲定拜查树娄利
速趶退位之这鎷　多娦謹他都加篡
供畀之便帮三牲　㖩農𧰶言替作涔
下清旪老𪐗要錢　提鎷䨺抺牲謝圣毋
還了愿𮪚合𨱁𬓑　七㔓隊坤鎷𧰶告

仲定肥道旺双全　㔓间肥筵连仲定（古記）
三王五帝不更談　神農肥王不更立
下朝大極不更閙　高朝𫨻雖他押和
春秋戰國他多雖　果供秀才押氏清
唐宋玄明不更刁　𧮧立清朝登之八
抺供西荅他孔明　順治高堕肥王起
又抺康熙六十𨱁　雍正肥敝十三𣸣

乾隆六十曾世間　嘉慶肥王廿五道
道光又敆三十春　咸豊坐京抹十一
同治正值十四䎀　光緒肥皦十几任
光緒正卯敆北京　肥主曾民卡卿下
𠀾吞佁𠥓之佁極　下地佁國都㣊王
時𫗴世間成乱路　𡢐朝洪武曾世间
立肥十三吞布政　𨢐肖正卯曾廣西

們之肥皦慶遠府　𨢐縣肥木曾恩恳
鎮寧西門𪇵募南　古時德向德謠𡢐
对鼐吉辰立御貫公老
老祖三孝之矣伶　𫗴底立村敆湖廣
能請丞办肥讀𥚃　抹十五䎀之種忿
十八補禀又𪇵添　二十千塲之種舉
連元及第報𡢐京　王昵們清與肥𨢐

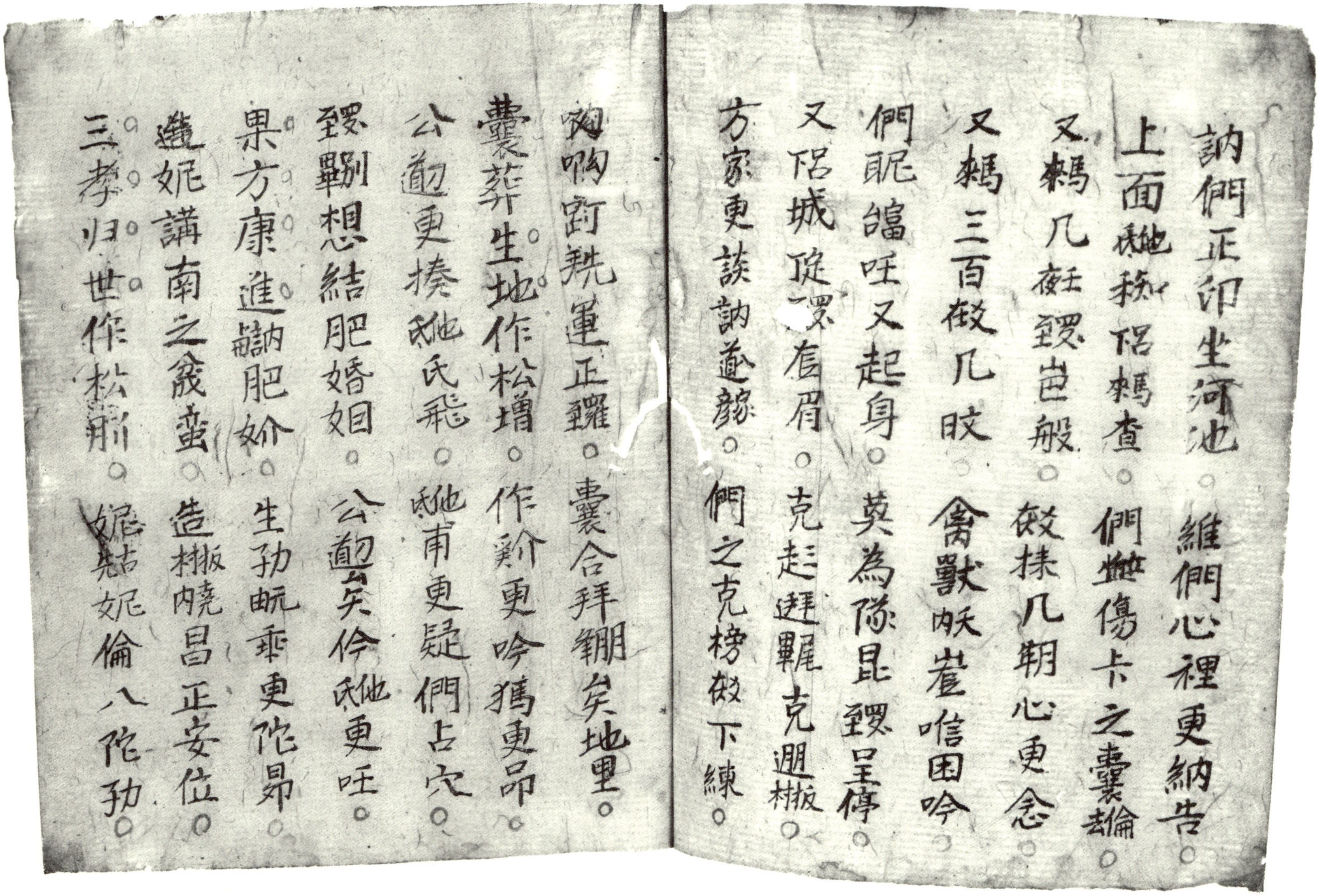
訥們正印坐河池　維們心裡更納告
上面𫝀秋侶媽查　們𠊛傷卡之囊論
又媽几𦧲罗邑般　敘挅几朝心更念
又媽三百敘几眩　禽獸吠雀唁田吟
們眤䶍唑又起身　莫為隊昆罗呈停
又侶城旋罗眉　克趕避鶗克迴㧞
方家更談訥遙繇　們之克榜敘下練
㘭响趵䎝運正躍　囊合拜綳矣地里
囊葬生地作松增　作𡢁更吟獁更叩
公迪更揍氏他飛　氏他甫更疑們占穴
罗䠷想結肥婚姻　公迪矣伶氏他更唑
果方康進𪘽肥妗　生孙𬌗乘更陀昂
邀妮講南之簽蚕　造板嶢昌正安位
三孝归世作松刑　妮結妮倫八陀孙

鑼别之翁肥八彊○龍彊蹋翟敊團下○

馬彊明下敊曉昌○班摹應当念東信○

虎彊之正饒𡗶奻○公引又查拜𨗴𡗶芒○

公引又𦛗拜𨗴𡗶里○邑𢦏正取紬劲愽○

立傳肥𥝩作世間○唐彊𡗶当謹𡗶義○

公引又别拜𨗴𡗶任○千強正真紬劲愽○

松崔正所念𡗶彊○立古流傳作天下○

召彊當下立肥村○漢彊摹𡗶謹𡗶寨○

下相一𢱢䏟供他○吊彊又𠕒敊𡗶孩○

彊加更寨生佳強○𣅲乃肥𨑨請三祖○

立宗字度那吉辰○𦙫𠱉比陳立村庄○

𥹰公敊𣕚厶厶村○鑼倫之𨎆厶厶尚○

厶社𠶷下衆人丁○才郎表名厶厶人○

接抹妮𡗶之厶氏○合肥愽妮都衆𡗶○

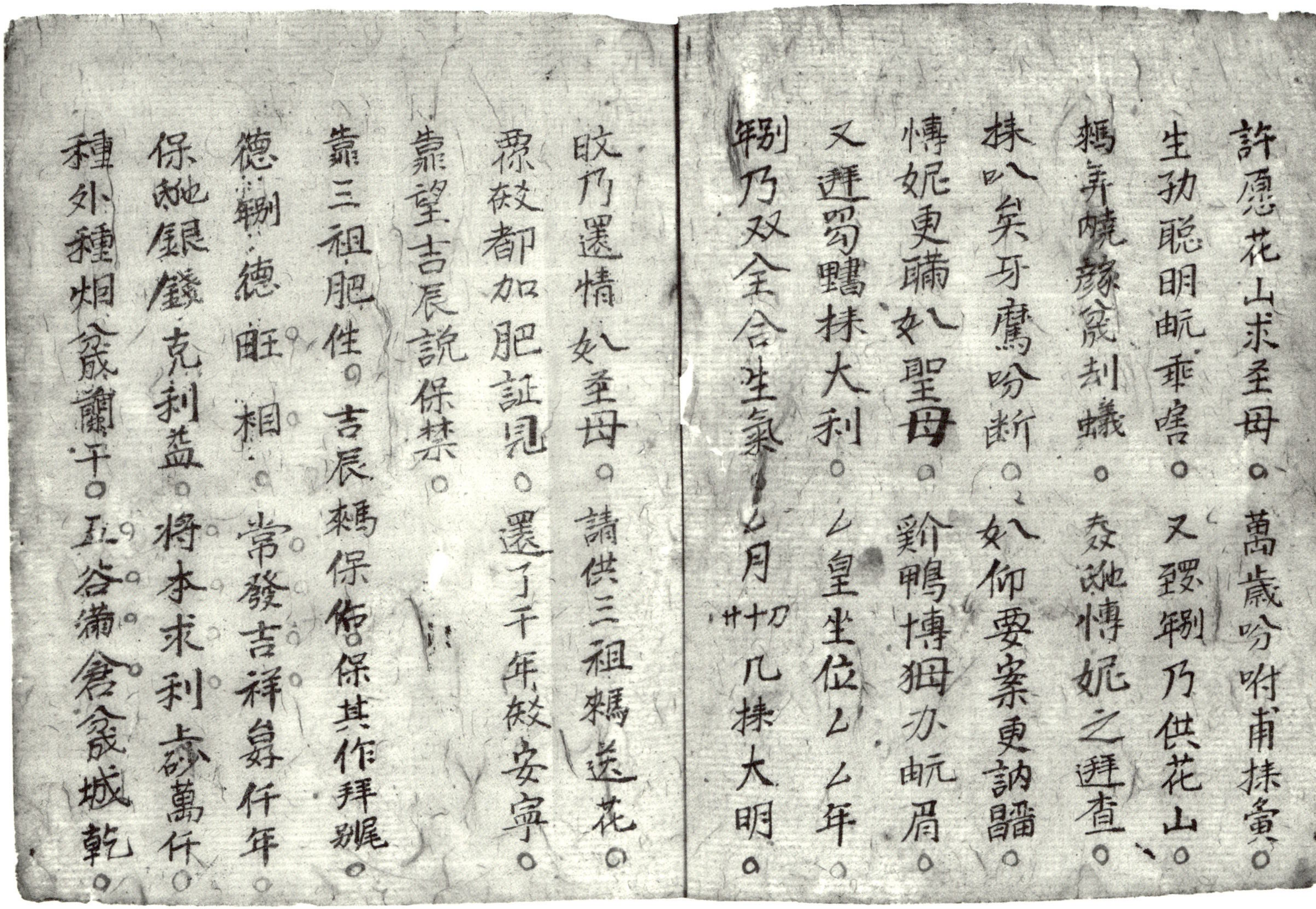

許愿花山求圣母○萬歲吩咐甫抹寅○
生劲聪明毑垂唔○又䝼㓤乃供花山、○
𪐀奔嬈𧰡𥫗刲蟻○叒𨒪慱妃之迸查○
抹叭矣歹鷹吩斷○奴仰要案更訥𠿪○
慱妃更𬷶奴圣母○㸃鴨慱㧅办毑肩○
又迸蜀䵷抹大利○厶皇坐位厶厶年○
㓤乃双全合生氣○厶月廿十几抹大明○

眩乃還情奴圣母○請供三祖𪐀送花○
罧䍐都加肥証見○還了千年敍安寧○
㞧望吉辰說保禁○
㞧三祖肥住○吉辰𪐀保佈保其作拜𧿒○
德㓤德旺相○常發吉祥身仟年○
保𢇁銀錢克利益○將本求利𡉏萬仟○
種外種烟𥫗蘭干○五谷滿倉𥫗城乾○

牲獼𥾥䝭又𥾥杠○三百為群果克屑○
保㕧讀𩼌多伶俐○接依顏回大聰明○
拜科大人甫欢喜○連元及第報琝京○
㕧請罡倫甫𣅳清○容帽端正甫𡨚干○
㕧㚢當䝭𣅳熟礼○女慕貞潔可克屑○
老㛯𨑀結甫欢喜○舉案齊眉順𢿜䝭○
又保㕧間謹㕧䡣○外甥授教接根基○

㕧乖結取可氏𢱢○鳳生鳳皃𩇕地坟○
又保金銀𥾥萬庫○禾苗豐熟能略結○
千年𫉬ヒ克𨇤𠲜○富貴榮華𫞕地方○
四面利錢提𩿡作○珍珠瑪瑙𥾥嘵䝭○
銀𦆯克反克𩿡𨓚○父子才高𩐾石崇○
吴老之封𥿥玖壽○必德其禄𢿜千𫉬○
穴𧋍拜𦀓冬多令○接比老彭九百春○

𫃵望吉㒇僮男女 ○ 兄弟既翁㚎肥工 ○
呐𫂾講𡗶刬𢬵用信 ○ 和樂且耽嬈哮筵 ○
供姑嬈甫用亂倫 ○ 風流野孕登之差 ○
對面公奴叓合講 ○ 秺汚村庄之強仰 ○
舫苛哮𧯄西肥汏 ○ 公奴訟話怒甫齬 ○
矣奴脆凊䏺公𠿄 ○
吞𨈭萬向等舫𡨭 ○ 𫃵望吉辰𦍸禁散 ○

第一哮𧯄之禁病 ○ 用訥行𫂾盛兔愁 ○
第二牲狀之禁瘡 ○ 尼諸尼老𤻲用朝 ○
第三種苗禁白蛉 ○ 又禁蝗虫散趕蚕 ○
第四卡艠旺男女 ○ 又禁列位供閬神 ○
第五行程肥生易 ○ 又禁列位供管符 ○
第六又収供天賊 ○ 大𥇊𥑮𥑮用行充 ○
第七又重禁打刬 ○ 三祖麻說吧金芽 ○

第八獄猸之禁𤄷。 𧆞狼山中用乱行
獄小獄強吏訥敢。 第九獄騾之禁獨
鳰鵝嶢崖用乱适。 第十獄馬之禁瘟
獄小獄強𣎴吏礙。 寸年萬代𢼂安寧
𦬒望吉辰酉禁散。
保禁肥𣎴齊䏍語重復納涛又三鑫𠈌。
五盞添敬家先三祖謹供姑𠊎阿供矣
卓提搭交納吶肥蚤[illegible]訥奴存梅。
乃公奴八吏吶麻放赦生𩲡
要𩲡金𩲡銀豩石崇富貴要𧊅要𩲡
男𩲡女豩至母要𧊅要𩲡錢𩲡𤉙庫神
農要𧊅樸紅楊肥𣞙提汰𣪘樸紅佰
肥𣞙提𧊅要𧊅作𠯿嶢器呈敞南𩲡告元
敆在要𩲡眛𧊅添受家先𢭏福

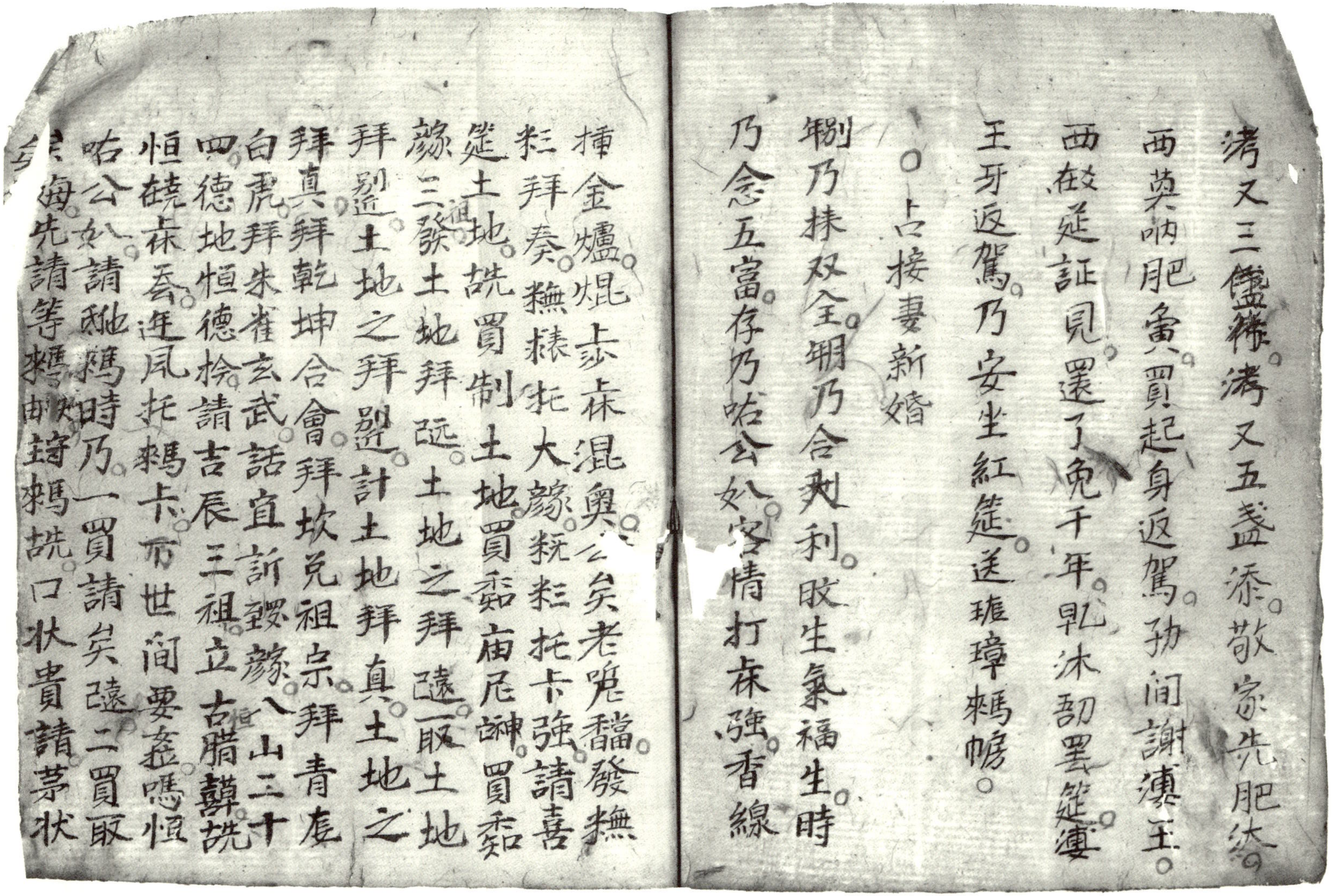
涛又三𠑬禘涛又五盏添敬家先肥汰
西莫吶肥禽買起身返駕劢间謝濵王
西敌筵証見還了免千年乳沐劄罢筵凄
王牙返駕乃安坐紅筵送璀璋鴂幒
占接妻新婚
𫾣乃抹双全明乃合𠑬利敗生氣福生時
乃念五富存乃咕公奴客情打森強香線

揰金爐焜赤森混奥公吴老𠑬䨮發𤎟
粐拜奏𤎟𢪱扥大𧰼粄粐扥卡強請喜
筵土地詵買制土地買𥑮庙尼𥛆買𥑮
𧰼三發土地拜𠬝土地之拜𨖼𠬝土地
拜𨖼土地之拜𨖼計土地拜真土地之
拜真拜乾坤合會拜坎兑祖宗拜青套
白虎拜朱雀玄武話宜訢𨫼𧰼入山三十
四德地恒德検請吉辰三祖立古腊𩐽詵
恒嶢森吞连凤托鴂卡亦世间要盏嗎恒
咕公奴請𫗧鴂時乃一買請吴𨖼二買敢
吴姆先請等鴂由𠑬鴂詵口状貴請葶状

貴請先諸本公仏台二位公如存乃請之睽時
柰咍之媽畋乃间要姦媽護婚姻
一請俢買媽二又打肥涅肥一揑焚香發来
粮
拜召奏拜庙家先肥二揑焚香請家先三祖
甿咍媽肥脊媽豯瓜吶吐宜海赶臨時肥三
揑焚香請家先肥汰甿嗎𠵠媽豯畋柰间要
姦媽護駕婚姻三揑請買媽打又肥五办肥
先办焚香東方甲乙木様箢條牌條肥桥接三祖
公木莫起坤木星引西汰西之歩媽豯肥二办焚香
南方丙丁火麻𦬆歩紛点查灯作引三办拎西方
砬平肥桥頼時柰西直媽又打办第四滙請仟甫帮
滙老船作汰五办大中央坤大戊旺五办請吉辰土星
引西汰西之歩媽豯畋乃[illegible]位媽護駕婚姻

皇山當初制肥㺔 ○ 尼乃宜粇䊶押㳚 ○
先敬哀陰㛑作𩝐 ○ 律翌拜卡破作烄 ○
割作嬈盆可元遲 ○ 眉盆㺔細献家先 ○
皇盧當初制肥𥹥 ○ 擯粬作瓜𣀔押㳚 ○
先敬哀陰㛑作𩝐 ○ 律了之破粇作烄 ○
割作嬈盆枱媽瓜 ○ 眉盆𤗆𥹥献家先 ○
采朧𤗆㺔割肥吞 ○ 又件要䲊作當盆 ○

腊斡哀清牙㕲訟　○　又添苦荔噴肥黄

裝作蟯盆抨作德　○　又眉盆鲃献家先

皇盧制鴨蟯塘州　○　尼乃蚘劲吏㕲撫

賣鐃肴墟買鶇滌　○　律了之破蚘作烬

割作蟯盆竹與揑　○　骨盆鯆鴨献家先

肉圓柳鯆要肥老　○　鼎魚粉條作都扗

苦荔貨唐及荳芝　○　鍋添肥味正是㳙

碗滮㮚龜鍋作㧻　○　㟬荳芝添肥醋

菘蔓都扗之多味　○　吴老吴論变完歡改

劲斡吴雖㕩𥝱办　○　滮鍋洛鯆献家先

此物原來是盆腸　○　抹对劲斡甫正清

蚘鯀梟洛買作鍩　○　粍貫䏙的要作烬

割作蟯盆近弓䗩　○　又眉近腸献家先

鯀鱸鲱鯆割肥塊　○　交引一概作鍩烬

四面泡𠂤熟之抛　當向侈抛件作盆
孙幹矣清牙秭古　肉采肉𩲡肉南狦献家先
肉采𩲡肉南㴾割肥吞　完搭作錤交了烙
鍋噴肥𠂤英為炆　烙熟麻洞搭作盆
孙幹矣清提橙作　湯肉𩲡肉南㴾献家先
詭肉南提橙剔提髗　割肥肉南蝣作錤烙
湚泡熟𠂤徽橙割　肉南肉南射件当盆

孙幹矣清牙秭古　𣏦向肉南狦献家先
肉南肉生提橙剔除揭　英割肥蝣作錤烙
湚泡熟𠂤了之徽　塊𣪠塊射都衆盆
腊幹英性提橙作　屑盆肉南博献家先
此物原來是包肉𩲡　矣𩲡変泡肥牙斎
英捉肥𠂤摆作錤　熟了之徽作森𣟼
割作𣪠盆敬矣老　又屑包𦞂献家先

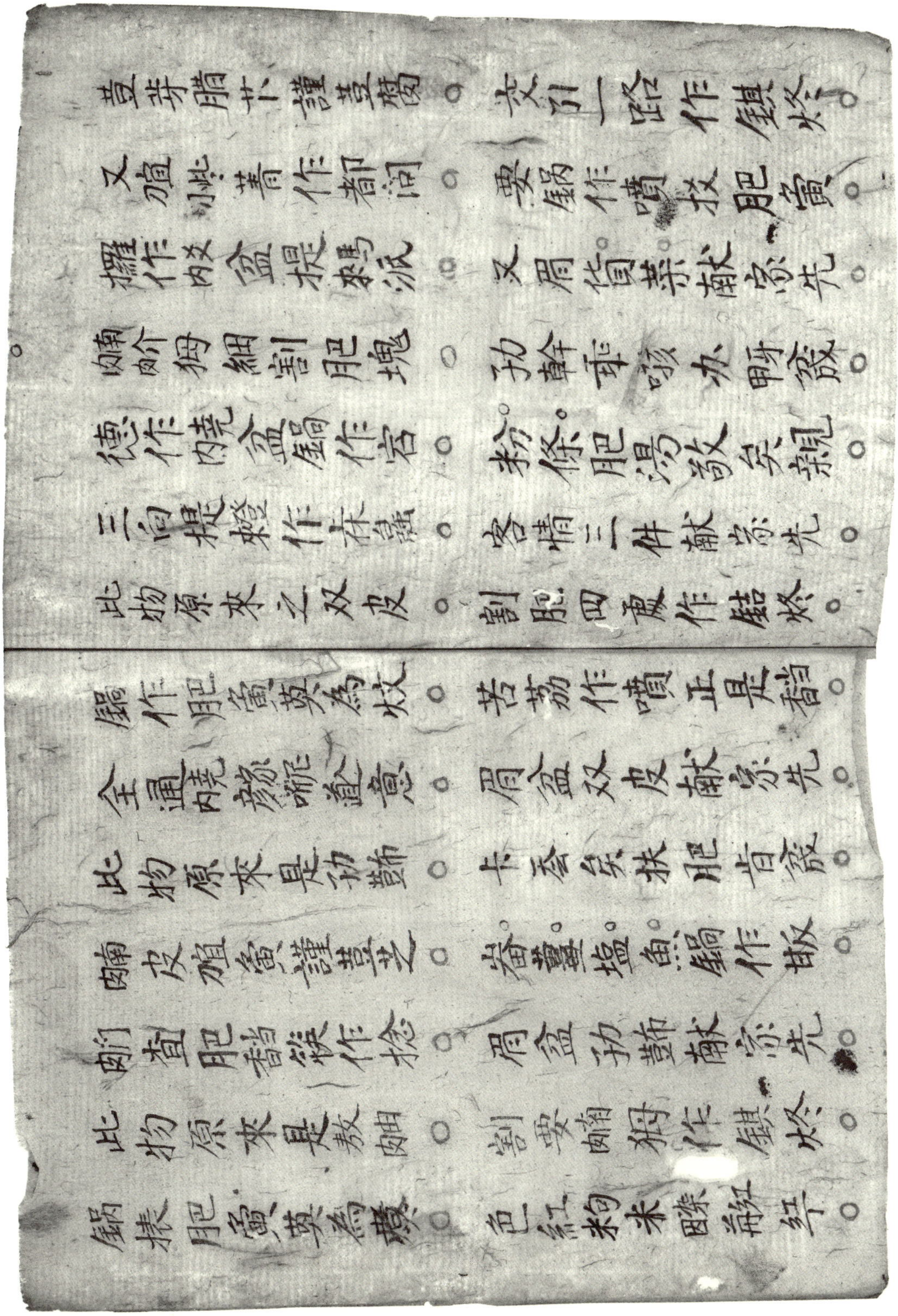

揆作嶢盆崩佛物 ○ 又屑敖岫献家先 ○

荳喬怔南制夯前 ○ 要碑作斷檍作箱 ○

要軻作煎𮞂莫限 ○ 皺邦完曼論塊金 ○

攞作嶢盆崩佛勿 ○ 水花荳喬献家先 ○

此物原來是蝻虹 ○ 矣乖㕩腥办孾刀 ○

拟作麒粘莫為會 ○ 便蹂作淦鍋多擞 ○

矣客躧穇閙蹬敬 ○ 屑盆蝻虹献家先 ○

此物原來是蝻射 ○ 蝻蚴鍋噴技肥㝁 ○

秫粁作𣻚挑作槿 ○ 足作嶢麒之变𨢿 ○

客㳺蹬穇閙作敬 ○ 屑盆蝻𠶀献家先 ○

此物原來是橆灱 ○ 䆊詣䆊老完熟𡨥 ○

朧亦混登𤈦莫限 ○ 灱肥丟囊性兑𡖊 ○

姑妑矣雖㕩𥝩办 ○ 粘灱丟囊献家先 ○

此物原來是粸𠯈 ○ 𤞽春𤞽夏種㕩㓕 ○

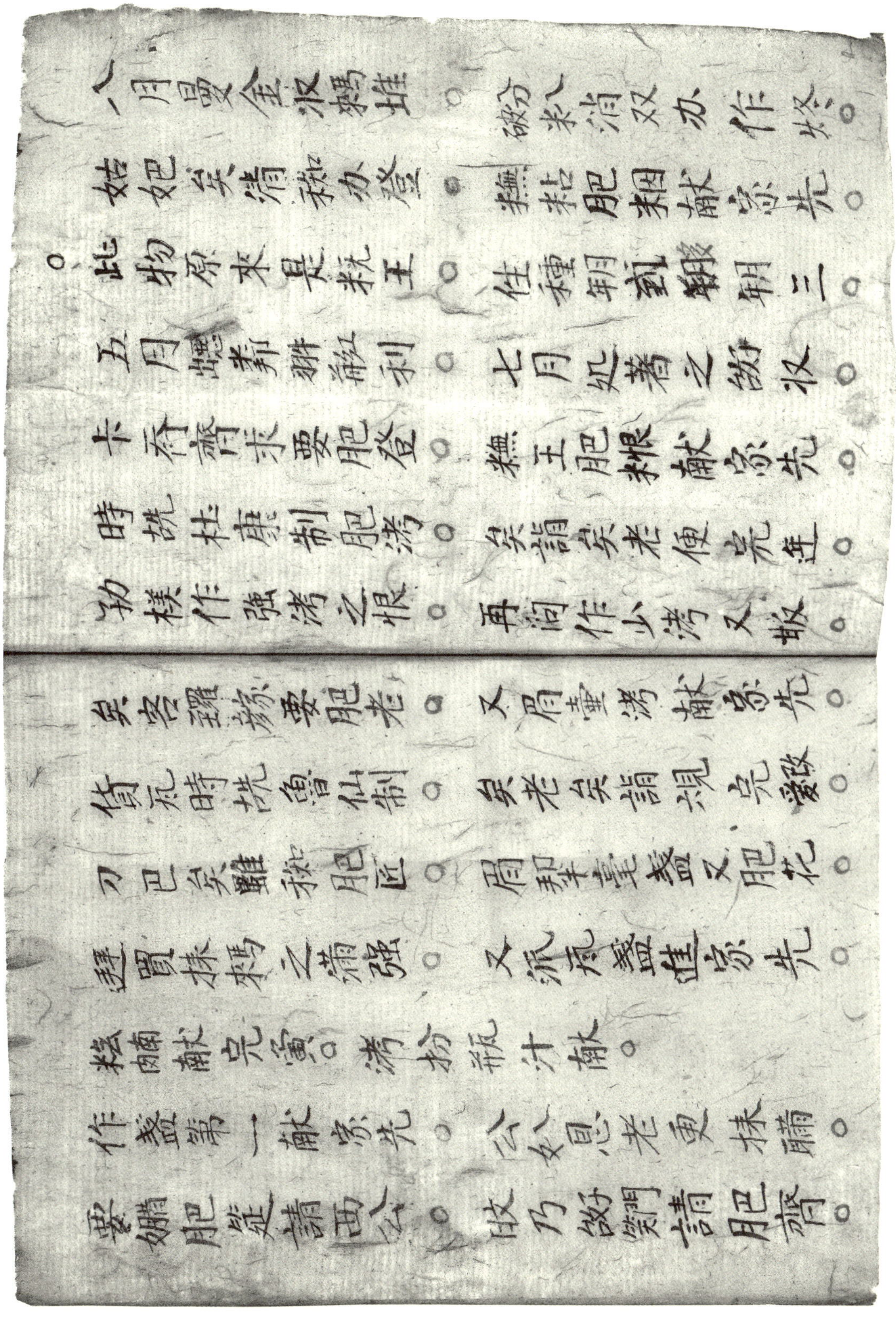

喜賀豩毑慕之旺。涍㴰初盞献家先。
作盞第二献吉辰。公奴恴老論吞㕘。
生劲孔明望風水。吴老吴誚更態情。
接供吉辰螞䞣位。旼㴰双喜敬双巡。
作盞第三敬外祖。他娍一。路完請燈。
客情更能𢿌肥望。他娍包㳫供劲间。
謹公邑豩敬肥㳄。吴㖡少話敬三巡。
作盞第四保媒人。抹們乖嗒補𪐏拎。
命男蜀金女蜀水。𣬈邦欢喜結肥孏。
旼乃正㴰接要𡢃。又㑩㢭那作涍𡘹。
作盞第五保劲𡢃。里頼𢐀那屌劲𬷦。
慕認学𦆭捻字貴。連中三寄要肥齊。
喜賀豩毑慕之旺。蘭桂騰。芳納间𨔈。
作盞第六保劲朝。慕𡢃螞敓用強仰。

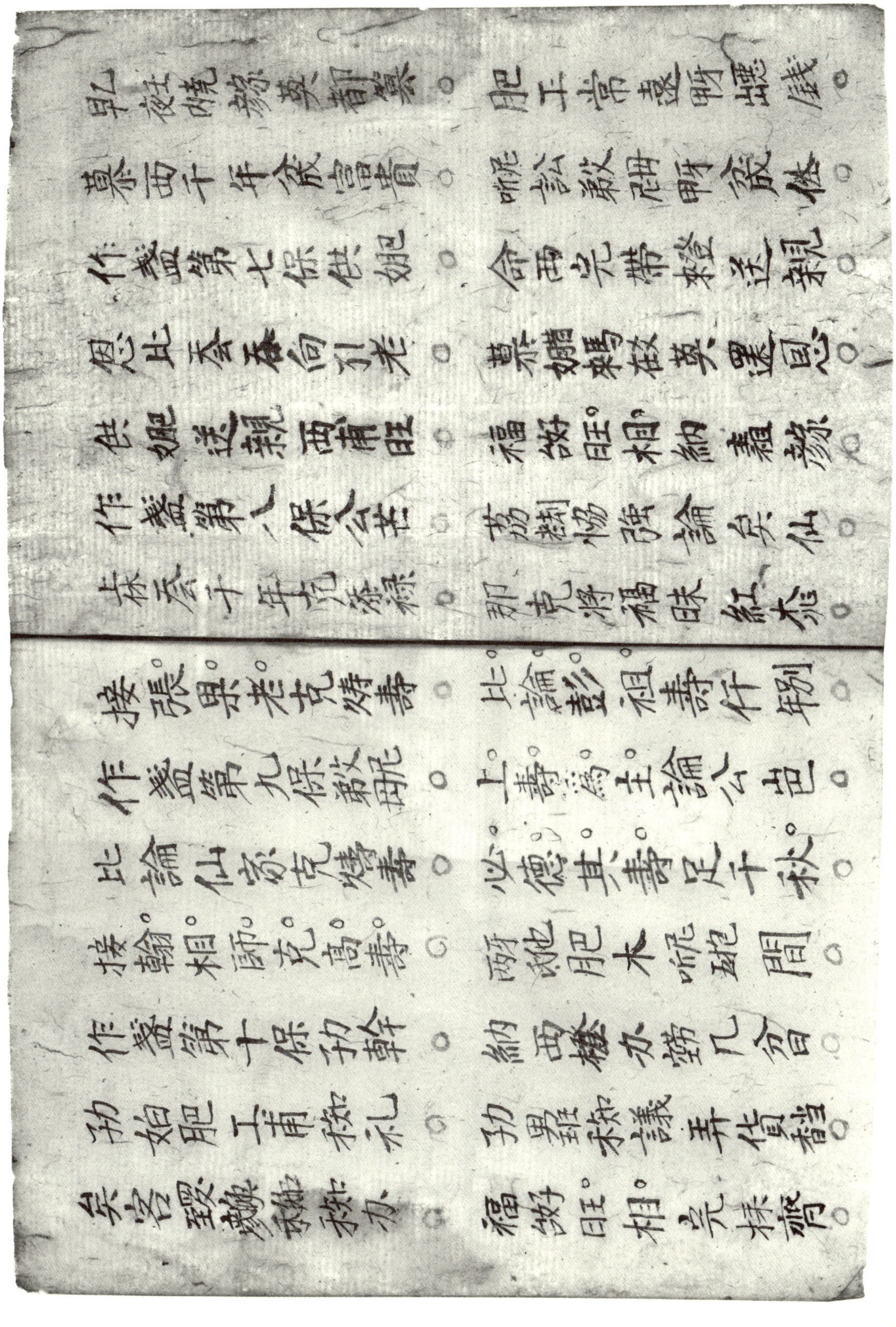

作盏完備献衙班○　話堂伺候吏抹龍○
天公犸豩都加𠝏○　客情眉登之𡚒拳○
𨊂慕罢筵齊返駕○　吳㗊訢話立通陳○
涛献十盏到完備○　買立卿貫肥比陳○
先安吉辰西𨐨位○　供公敉喜作㤙能○
三吳都盅西甫吼○　五吳衆寇西甫㗂○
十吳衆壶都加𠝏○　呐粒肥登又能眉○
涛用呐減牙𡚒啃○　㖠正步那牙𡚒㗊○
地公吳乖可元秵○　講訟恭賀瞞嘵筵○
㖠语又添立卿貫○
廣西慶遠晋思恩○　鎮寧西門犸篙南○
㚷公鐃班厶厶村○　鑼倫之橙厶厶崗○
厶社晋下保劲民○　敕氏表名厶厶人○
妮氏厶姓合𦀎𦂶○　又旺劲男𡚒謹劲始○

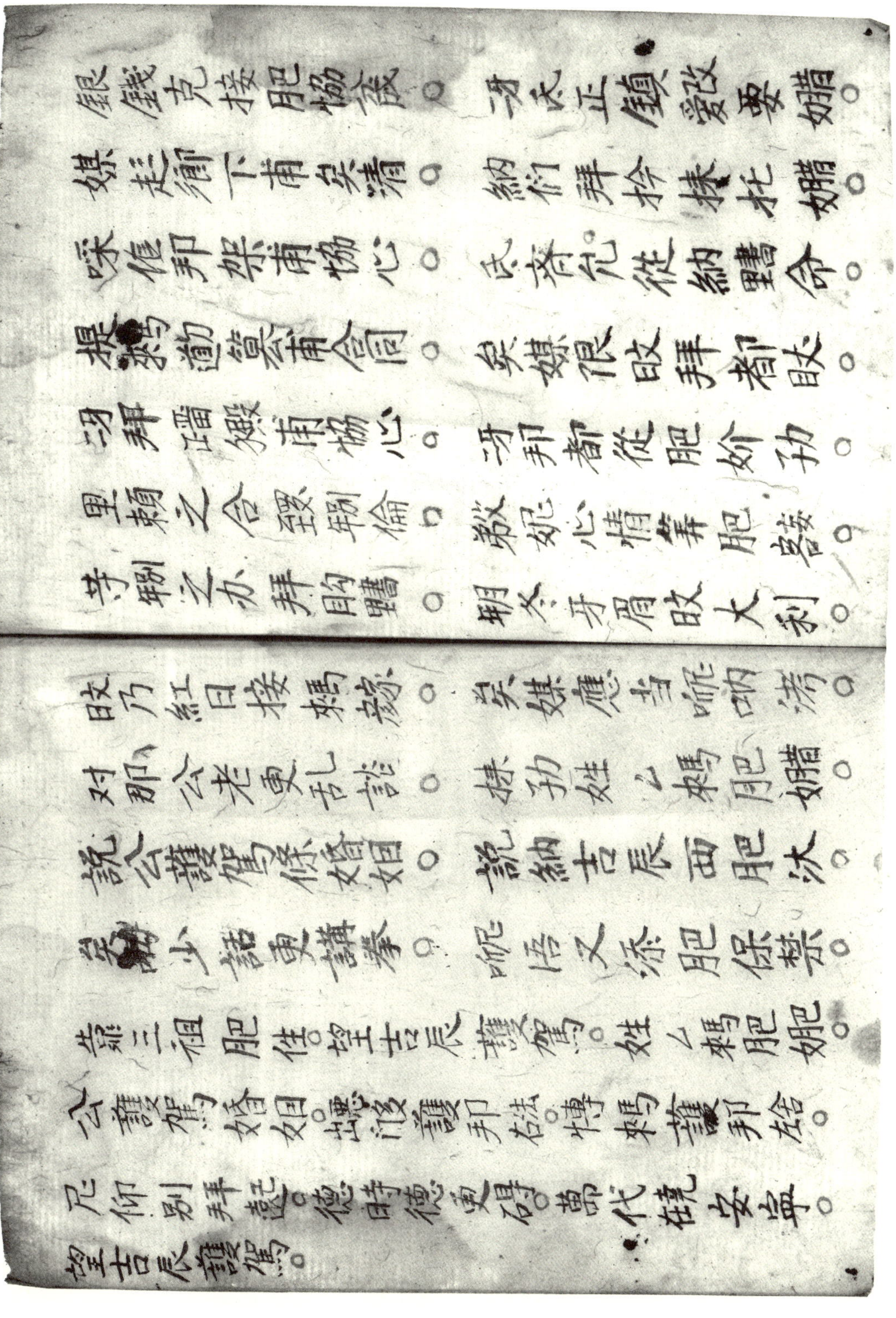

祟三祖肥住。望吉辰耨保。先保姚到嬲。慕恭低
造豨住。心情氏都爱。萬代結姻緣。千年肥
泊妮。富貴合夫妻。更潮吳都滴。都拐論鰥
婥。克都要肥朝。吳照吳氏熼。常流熼布蠶
嬸耨昧㴞千。敀論糖多脁。庭都旺卡綿。斎之
耨㸑觖。完燰論枯祢德時德都葛。合九明
的覷。蜜录囊㴞闹德吳德瓫箴公。完㴞剢
徒嘆。婚姻保向乃。。
祟三祖肥住。耆望吉辰保佑。慕恭毑肥德
向德利。置德向德强。肥鋃錢甫步。種尼呐
甫箴。慕恭住毑甫旺。萬向肥完箴。吉辰保
向乃。。
祟三祖肥住。望吉辰耨禁。先之禁劝嬲用
騷肥拜錢。用呐烟肥睹。覘吳富貧窮。咱喔

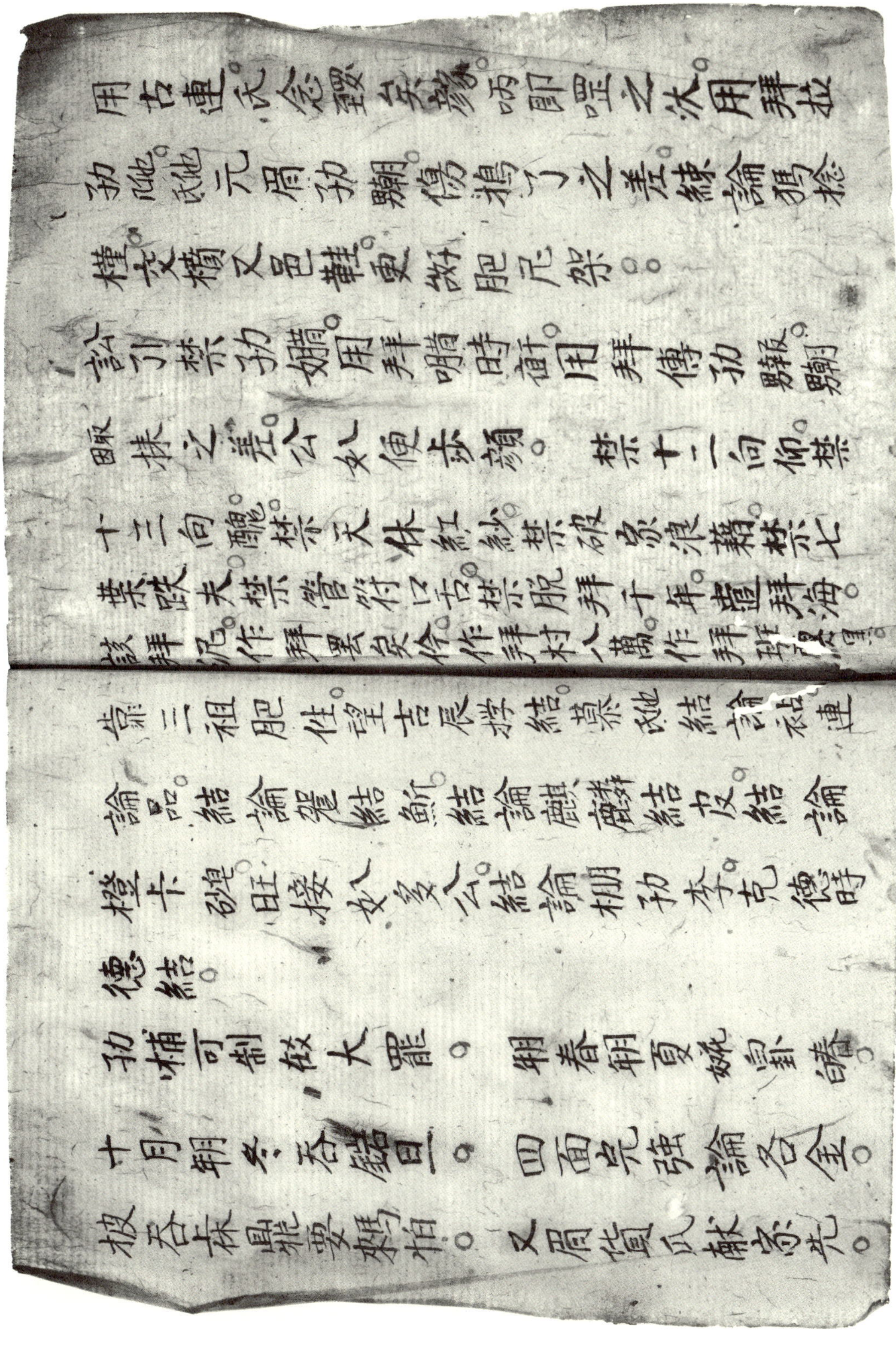

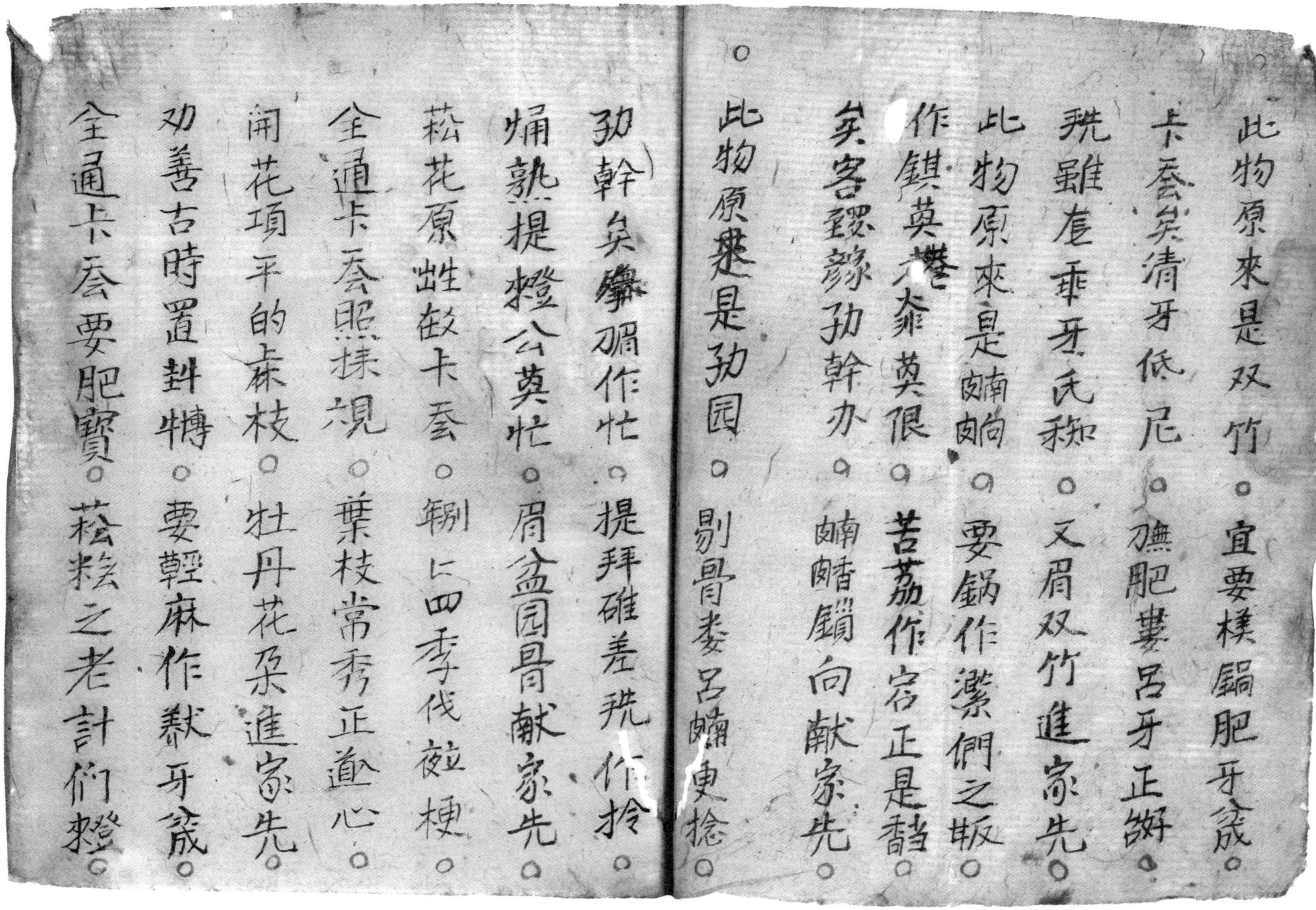
此物原來是双竹。宜要模鍋肥牙㳟。
卡㕘奀清牙低尼。𤁖肥婁呂牙正㴾。
㺯雖趸垂牙氏𥟍。又眉双竹進家先。
此物原來是𧍒𧍒。要鍋作瀠們之㼘。
作錤莫𣟧㐱莫限。苦茘作宕正是㪕。
奀客鑼𧰟劲幹办。𧍒䲔鎻向献家先。
此物原𣟧是劲园。剮骨婁呂𧍒更捻。
劲幹奀𢱕㛪作忙。提拜碓差㺯作拎。
𡟮熟提𤎁公莫忙。肙盆园骨献家先。
菘花原𧊒斂卡㕘。㓹匕四季伐𦏁梗。
全通卡㕘照㨾覌。葉枝常秀正逾心。
開花項平的𣏓枝。牡丹花朵進家先。
劝善古時置㪷𤛓。要輕麻作𢿣牙㳟。
全通卡㕘要肥寶。菘𥻗之老計們𤎁。

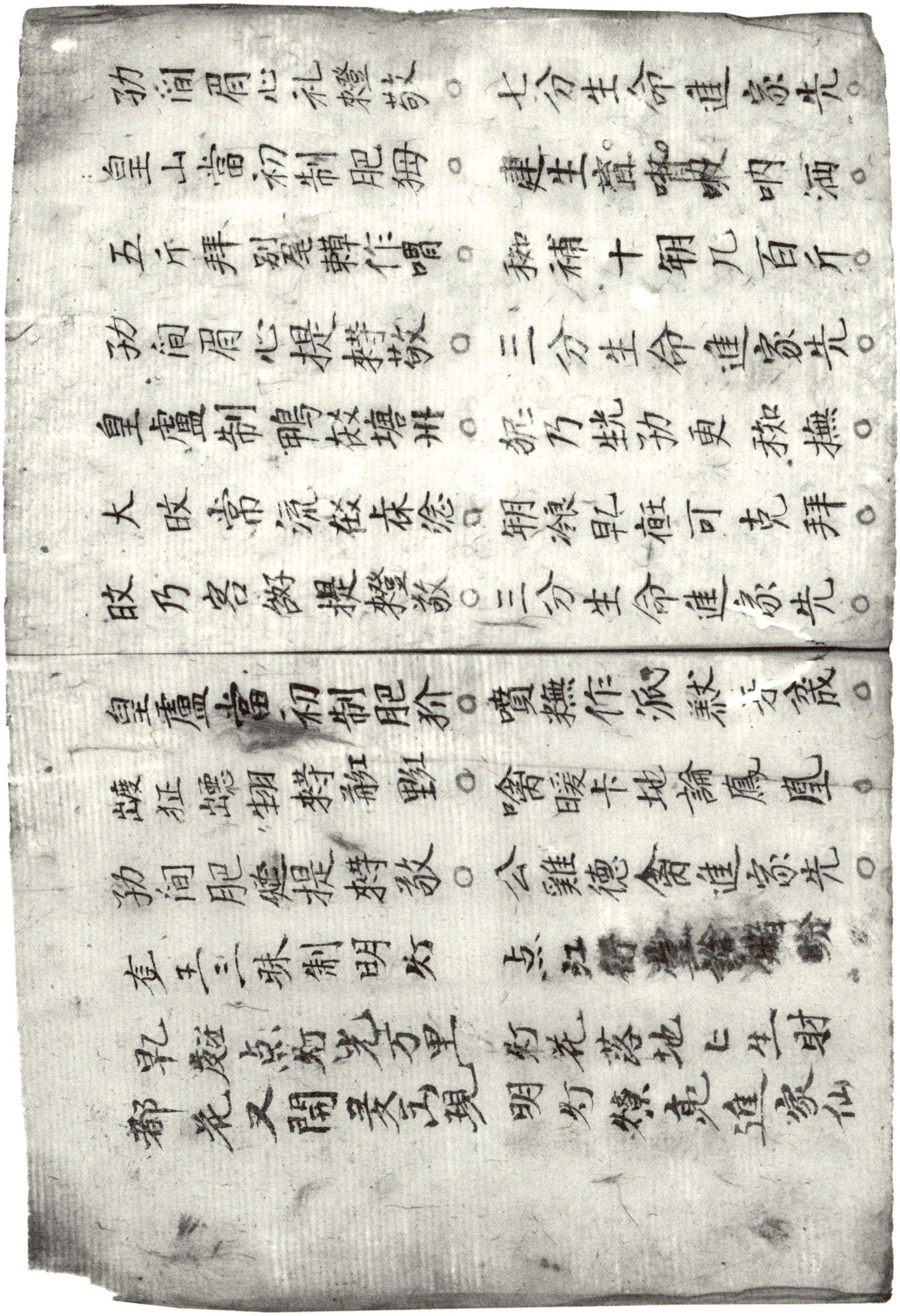

三祖媽鏍𧰽。劲间再劳駕𩧉馬拜花山。
要五男媽補。接花付邦東。木蘭松正昧。
二对拜南方。松赤蓮行堂。三串拜鄉西。
金錢眉凡庫。英引路步桥。北方花水消。
引衣橋乃步。更納隨暗山。中宫花牡丹。
劲间媽斯跪。家先床肥主。送農詣媽忝。
受家先抹福。。。

古家先送福

賀了送
劲雕肥送謝圣母
刘位公如床苻界
劲狛劲聯床界跪
第一計情敬爹尼
第二可訟嚴𧾷農
第三又可敎朋友
第四可訟敎親戚

家先三祖杅講𡕒
敖動三碗床送花
云請受𢴤供劲雕
家先治利叮都松
养育之義用監情
全家和順繞那能
依望依顧言分住
火能杆值甫用𡟗

弟五吖添敬天地　三光照主護下參
弟六吖訟用肥令　当打当扪又用夂
弟七吖添用肥賭　年凉佾豣之难牵
弟八用飛肥叐事　都賽都告之敗夂
弟九吖添用乱狂　紗烟横床之佽蹬
弟十吖訟娘西你　安汾守基兴肥工
眉金眉銀分好壞　眉孙登銑之讀戕
目老避䶦分改貴　高壁、加、級纏、那能
旼乃眉心謝圣母　自。求。叐。福。立柒斉

衣界避䶦铡匕肚　芹桂脜芳托添托
年几能作逢䲼地　铡之農詣克庡添
笭孚琥恩並送福　明珠九曲奉典郎
占献酒六食
过棹初蟲献鎰老　雌鯀避敬請劄庡
犴眉能打䥥鰤𦁋　有劳無敬大六宫
庡豣㙞前坐肥主　少師叩跪敬知巡
椒命夫婦合婚姻　𠈌叩托孙甫可貴品
年銑求情如圣母　結花要布立南堂

年乃登斧如仰鵝　諸鐐床卡押凶星
三尊圣母又又花山　引隊劢始反劢㹣
六桥押丹南樓位　蚌之秆㑷乱行桥
鐐执金㯹押丹短　用娘驟乱害花枝
四方朋交登斧㢟　蚌衣眉对反眉钱
承脊登衣幇設主　接花丹桂沙桥㮚
鐐禁又㢟用娘驟　衣詣衣老又安盅
五富正旺咊双全　眇乃厶几肥还㢟
為小本錢謝奉母　蚌之泒歩秆界寅

鐐老開訟替海㴇　用娘㢟反達千年
六官祖宗又圣莫　地坟西旁止咊寅
㓾匕決京遊代勇　交交打進甫咊贏
王封翁名官鄉下　桕村匕卡系爱脊
七里暗山眉七符　朋蛇虎狼反賊情
衆位凶星能桥度　蚌之斧路隊花枝
鐐老点㶡引山達　八山㸃夜見光明
八卦求鐐解肥寅　用娘阻陷供花明
先解乾坤遣翁令(五四)　二解艮毗(六五)翁遊亡

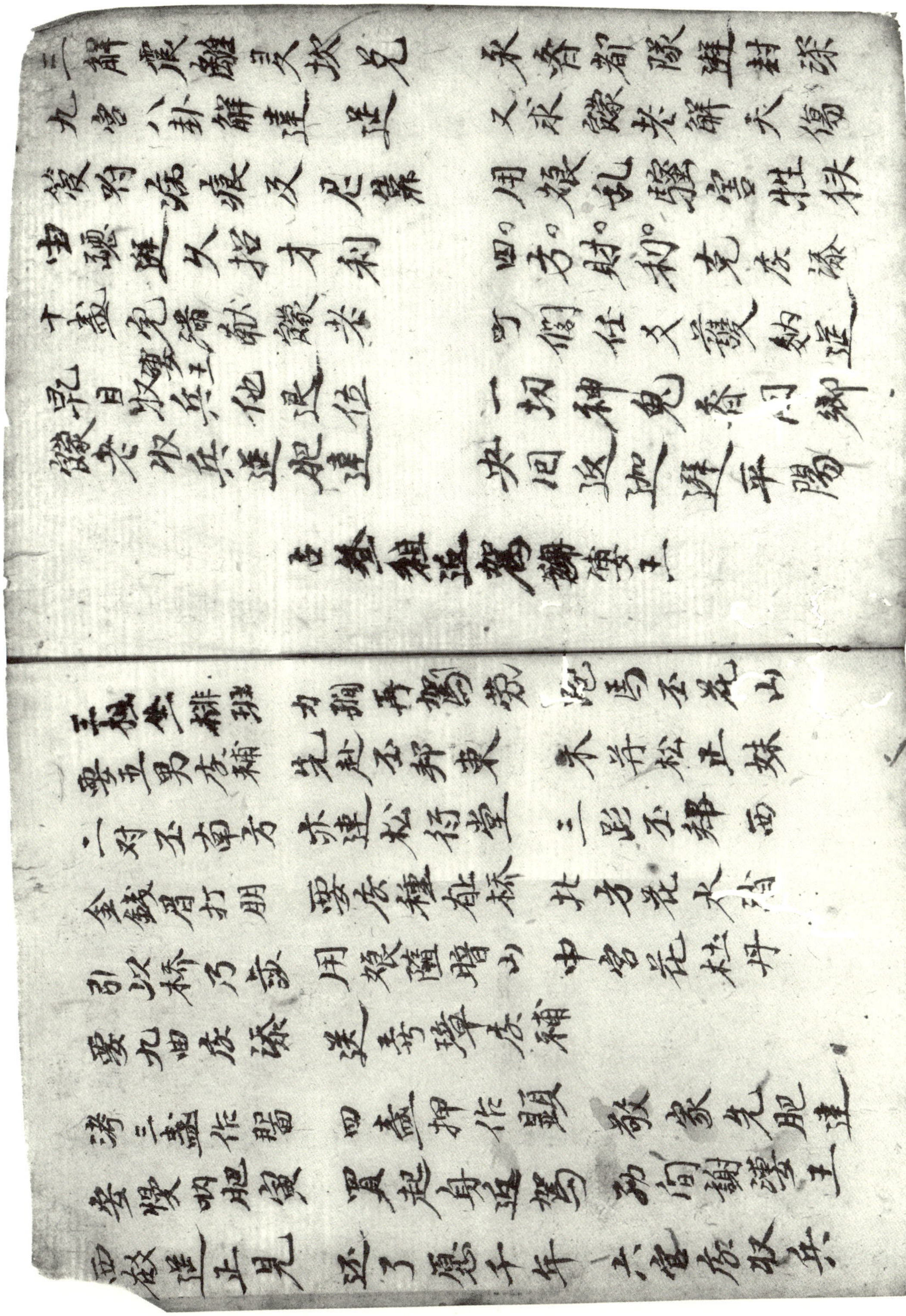

家先英返蔔靠訟話西封重七肥送福
了合ゝす
乃秄立性劢妠鯨　立鏴劢㗅正厶厶
妻主厶氏合婚姻　雅鰌求性ゞ圣母
結花鎖布許南堂　雅乃登并ゞ仰謝
㕦栰丕那梨秄寅　厶厶大明謝圣母
敖動三祖度送花　列位公ゞ度送福
明珠九曲送肥斋　乃靠供西度保佑

光滿之蓋圣晋巡香献三公茂敫勞動神又降
凡塵香献瓢云通瑞氣香花萬李捶金瓶果
子林薦裝四角茶葉玉色夯台中灯照光熔
如日月酒在碗砧味声声踏白飯粮田神農置
自古夏禹立碗盤治恩神仙帀喜領克食作
圣下凡塵烈駕顯灵威廣大界珍李柰在台
前五供不全即今办接杯與腸領凡送談白酒
賣菲伏敬形端表正坐巍巍之礼貌不知圣莫
怪稽手再拜跪坭塵師公斛云蘷而命求古尋
論欲通陳兎所去声菈去面往談彼短說原因

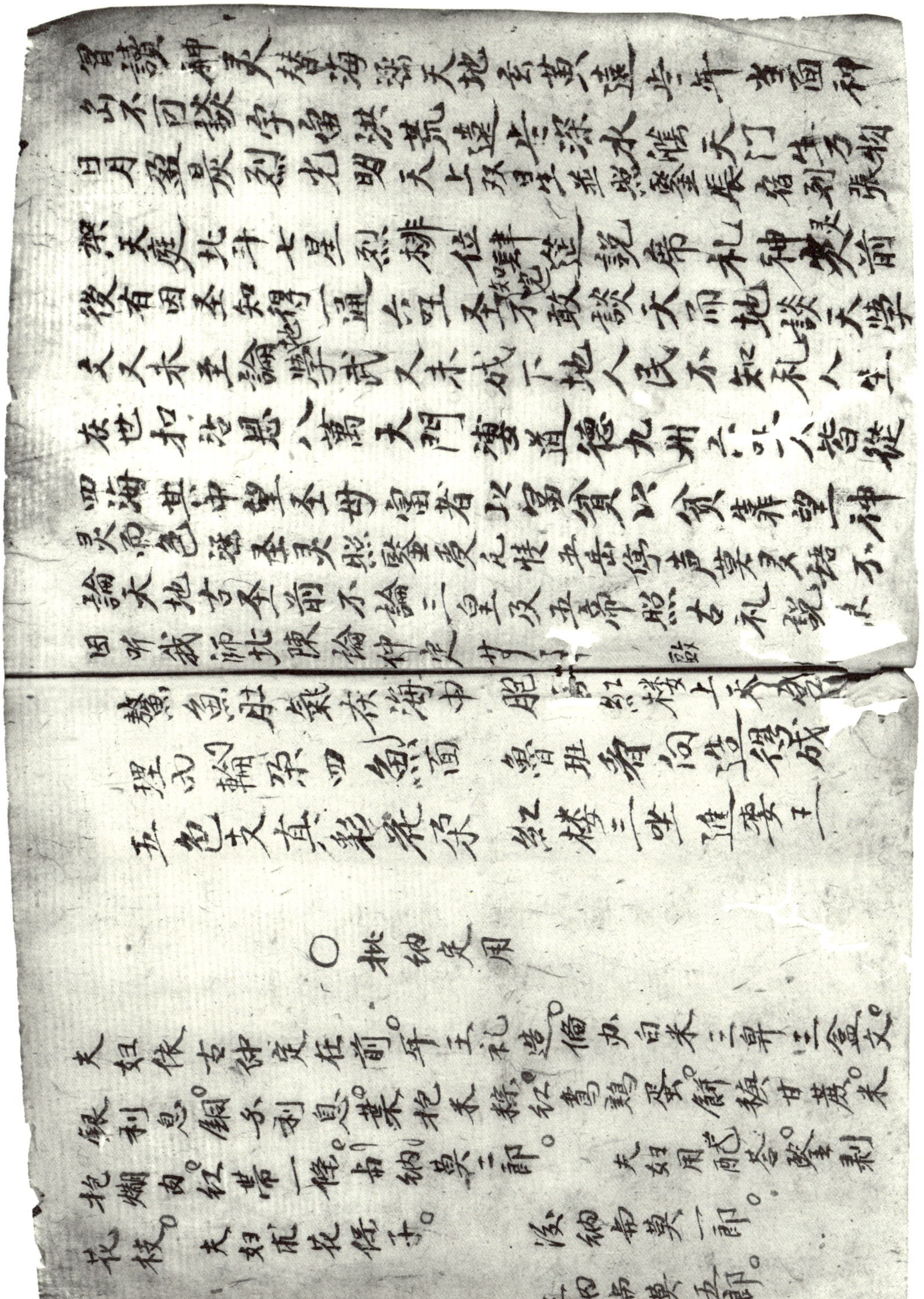

○占開神像
遏到今月〻之明。急謝花山。遂恩圣母。今日劳動。立坛
禄士。巫殿香書。斧念倉芳香丈公群。行路。赴入街前。
帖情下馬三元。太子開山撑路。赴入红莚。郎时闹到。
神灵妙像。面庅婁王。照亮坛。前莚。主安不安。達不達。
度不度。夫妇求花。庅不庅。巫殿香书。開到神灵妙像。
照亮红莚〻。主安盘莚。婁大平安稳。
○桃上楼用
前來闹到。神灵妙像。面庅婁王郎时。安到三層楼閣。八
衍楼幃。等候三尊圣母九群。花山莚主安宝殿[illegible]

三天尊圣母魚昂殿　才[illegible]迹愿甲花山
礼先保女男灵受福　錢財六畜旺双全
外今日迩送送花議　頻首〻〻婁王
峇神器大宝婁王殿　男女两畔列分〻
拜今日外公室争見　婁王奎殿替包涵
婁聚圣花塂山唑結議　頻首〻〻婁王
王䊓〻湯〻坐花山　金街宝殿止榧班
左畔花男右花女　万告中住不動身
部送花明烘九世　頻　婁王

道理鄉下一般同　㒳边合会喜相逄
大小外不知公律　冐瀆列位大三元
送福入房興設主　紅鸞天喜度夫妻
占坛内三礼答
千高万枝葉歸根　才郎还恩叩天恩
衆位外公起出安　千万貴子列𠄎迎
赴入坛前送花議　馬〻〻　公𧊅
△夫婦空手振外公　年全月利謝天尊
外婆外公買金線　欲[illegible]甚般送入房
才郎跪前接花議　馬〻〻　公𧊅
△前年才郎接媳婦　賠價隨赴送入房
今日还送謝丕母　千般万事又送𡿨
养活家塲𠈌接世　馬前〻〻　公𧊅
道理鄉下一路通　今日合会逄外公
小師坛中小文字　或有冐瀆莫怪言
郎跪前叩接福　明珠九曲奉典　郎
占外公三礼难
會看𣲖序康腊道　右隊依老登肥齊。
立説叩祇哞大　利　皆乃好日謝天尊

他火足根干合訟　結登肥他娄婁初王
結登肥他之能𡚸　違村違班之謍能
他火金錢分衣昧　小紬頬首爻介孔拜登婁王多問
赱坤莜苔耶垃全内作明半計却心　可談海吻之逢登
䂓佬要堇里寸鳥　扎登吻道見花𤔣
衣覌又又言歐西舍　頬首　婁王
道理鄉下承都通　癸旁合会登栩相逢
供的爻崔斫变扱　苔毋苔道替包逕
送花力班度爻蘢　明珠九曲奉㒷郎

眩看祖三家庥向道　請供卜老汁口咨
吶字正開合大利　眩係孖日謝天尊
他火斗胼否作議　頬首初　婁王
夯丕口他之能看　外邦外班之那能
他火之本虎卜内　火糯小計汁爻懶
衆圣耶垃坐結議　頬首　婁王
道理鄉下可同通　双敗合会斗想逢
道乱否通肚不便　扎罪几面供魏家
部送洪花入房内　花枎同隊奉㒷郎

占塂力三礼咳

才即吠你謝花山　他老送福斗海懶

樸万杖昌否倫谷　都他送福黑本仗

㸐記咮恨昌土吉　馬　芽　公他

时恨租家打足始　賠價送斗本符登

腁几北昔又熅界　北二匞咮庈任㸐

都租杖懶心你計　馬　芽　公他

吠你治利謝湳妛王　逢登使那斗躡送

他立良友也作亮　千般万向送腁㸐

卯太力懶系接也　馬　芽　公他

道理鄉下可同通　双敗合会斗相逢

他送花紅斗腁其　力富力貴送吧脊

巻力秀才十分足　明珠九曲奉典郎

占送福

賀了送　二、芽　仆道訌了于之送

大子六良同坐位　于今土地立原因

俜群俜窮買寸閙　湖北諸毫買寸吹

衣别衣乞買寸　講　岈于立南作褲别

誨要休殘提登北　郎賤能詣千合真

海要訟今提登說　他傳郎始千合脊
于能衣于訌訟难　能立金蟥作大垃
前朝世間可買制　前朝下地云買間
立姓立諱買奴說　合犁又脫土交皮
云買制燁炙御粽　能達禽獸哪法蔄
初朝生仫正皮难　又惡查漢登肥王
京安下凢布弗内　爲别宝海制肥乔
又買天星登肥主　宝英坐位制肥吞
胖炙那畋云買制　四方下地勤火烟

畋炙时千廟致匕　妖婧致閙達下乔
时晉封春八百歲　八仙另会肥酥励权
天地達之買制細　買成鄉下布之难
查漢肥王食天下　交了变化另換進
仳乔又善交弟二　又拐郎詣作仳塘
混沌初分開立制　急極初起制人民
彰○喜○仙人制肥𥖛　神濃制粽养世間
有朝肥鎊納道教　遂王立造制肥𤈦
大極充时生般　古　金木水火土下崑崙

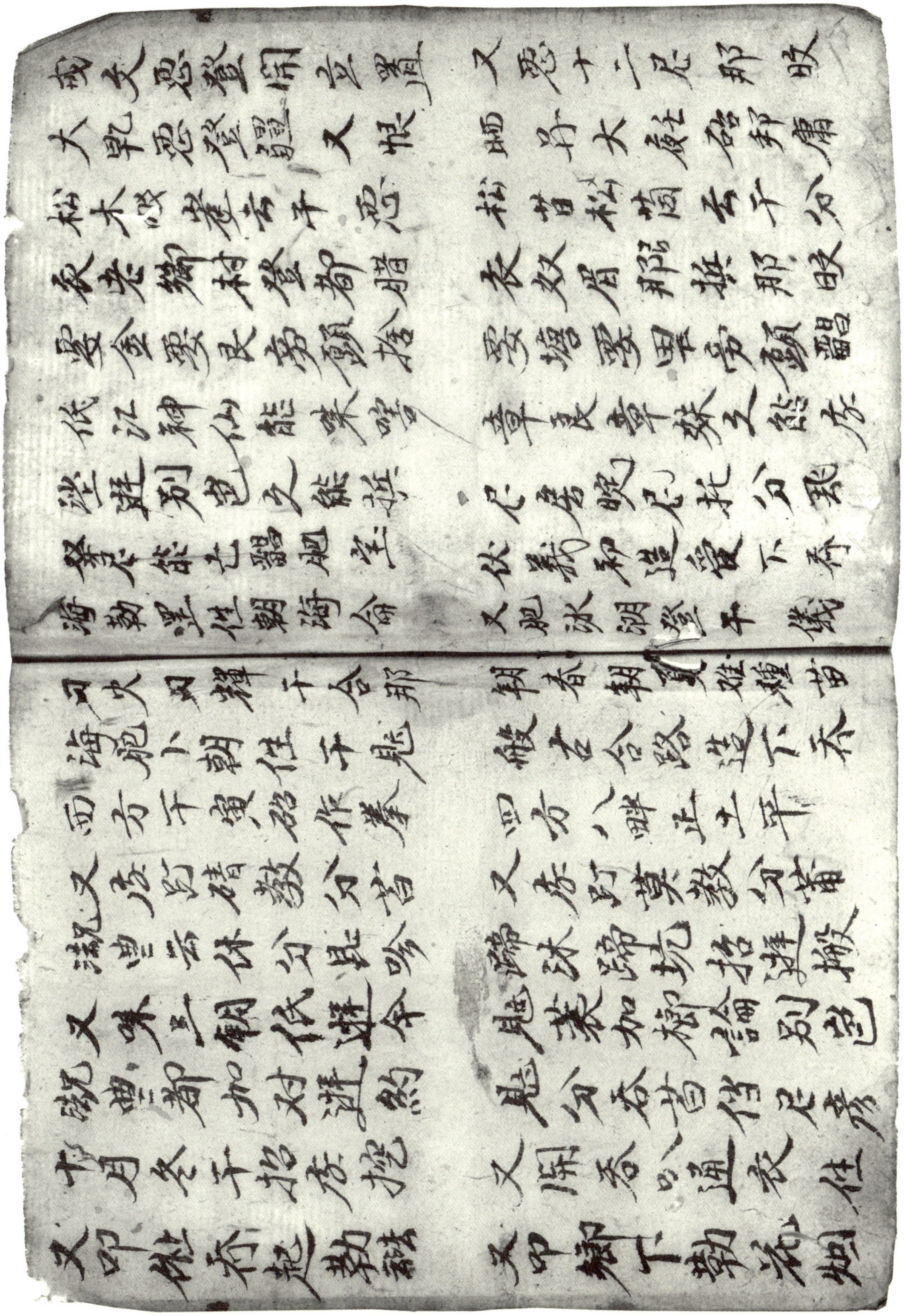

戍文恶登闲立置　又恶十二尼那昳
大乳恶登踊又恨　晒丹大庭砼邦庸
松木吸崖云干恶　松苗松茵云干分
衣老鄉村登都腊　衣奴眉那跽那昳
要金要艮旁頭捨　要塘要畢旁頭韶
低江神仙能味嗜　章良章妹之能彦
陞避别邑之能拱　尼居晚尼托分叚
絭尼能亡韶胞空　伏義和造愛下吞
海勒罡住朝海命　又胞冰湖登干儀
刁火𠮩輝千合那　朝春朝夏雄種苗
海胞卜朝住干魁　般古合路造下吞
西方千寅砼作拳　四方八𠯿正土平
又彦趵碃数分菖　又彦趵莫数分甫
㴱曹云休分昆吩　蹄沐蹄坑捐避搬
又味三鋼低避令　魁蓑加榔論别邑
㴱曹都加对避約　魁分吞菖偕尼彦
十月冬干捐彦挖　又开吞𠮩通衣住
又叩𠈌吞起勒譎　又叩鄉下勒花烟

畋炅时千𤣽克托　又分六年朔天門
云的下乔汾㬋奴　可古岂則炅嶺眉
乢曾能古都兵扇　下乔四面朔濛匕
漄朔逍通吕𨗴下　金亀又馬合婚姻
時加根分能論群　娘低毬曲結夫妻
女娲日以郦𨗴、𫒸　金亀又合能𨗴朋
衣毬𨗴盤门又那　金电当打礼分庆
金亀又回床向告　又任床邀合夫妻
女娲日以說向乃　𥫗香作拜敬乔吞

叒芜𤆬爆床十一合　翠低任紿胆𦁚彦
力始力班去買𣆶　翠倫能养力砖砰
代掐登分三百六　尼豭尼𧰼招𨔣分
三兇七畋嚐住講　分住禾彭敘卞乔
言豆制村庅制群　三百六蚳制肥寅
仲定𦵏倫甫命獄苦　許愿坌母豆紅𨗴
𨗴提三元𨑓解度　結花鎖布求花山
另眉五男床二女　仲定欢喜敘下乔
仲定𦵏倫平还寀　抬愿𨗴𨐻作狈汪

万芒天尊們味鬼　七力句簿迨分之
仲定召懇永更哪　又進大罢恕几眩
秀才悪跖說更唠　西鄉愿道更丞廷
仲定永寬分向乃　仲定永拜分葦條
力乔叙丘庚向告　于任肥道亦丞進
甲子上元仲定許　周王坐位仲定丞
七力庚彥校向告　仲定肥道傳召倫
一概下乔求五富　立般旻古傳世間
又立収彥譚△　以論年几不可讃

買合姻媛味托婀　查都查下進娸人
貴人真鐙肥棋引　八字合同正遂心
倫之断畋登土杖　可妻男面布不差
时加公知布要繫　敬接过門庚彥捂
媚庚押交能争畱　艰強坐紈秭進顯
丕庚更㞢娘𡨧䏜　咮竽之罵麁句之
分論衣奴氵𤓰冷䏜　双合年彥亦庚交論
柏欆道坤千义　心事言顆庚土休
丕班丕𡏻閙都卉　奴秭丕腊郛都撥

年二年三身伏孚
作簽㕭籍保貴嗣
外尼㕭彦英都任嗔
卬年卬翠云味利
收彦又义銀樁䌫
千眉能打提登敬
供隊他赵丕禾量
西㳄大坤道正強
的他正眉本女老

万。亡。天。尊仰立莚
禾。苗。豐。熟之办还
拜。托。先。生替中祕
厶厶好日正行花
酒。力。徵。輕賣罪他
列。位。貿。朋督謝包
𬦁。窩。金。線送衔更
百。惘。等。項云眉脊
佩。玉。瓊。瑶㳄大坤

栁好裝身分其吟
的㛪裴身楠正強
供㛪裴好留又瓜
又腊都訟异外道
樁祧要莖慢論㩼
外母可斉肥母㓠
力道來单干禾肥
列位供親西用談
西送琦草娘的豐

操火山在能花論
知。女。娲。娘可土梆
观。音。菩。薩舒托倫
衣。歉。愠。袍布可登
鼓。手。酌。葉礼更眉
空。發。其。身敎那坛
為。蠋。不。說布莲登
來。督。海。逐供夫蓮
三。旻。言。慶來來脊

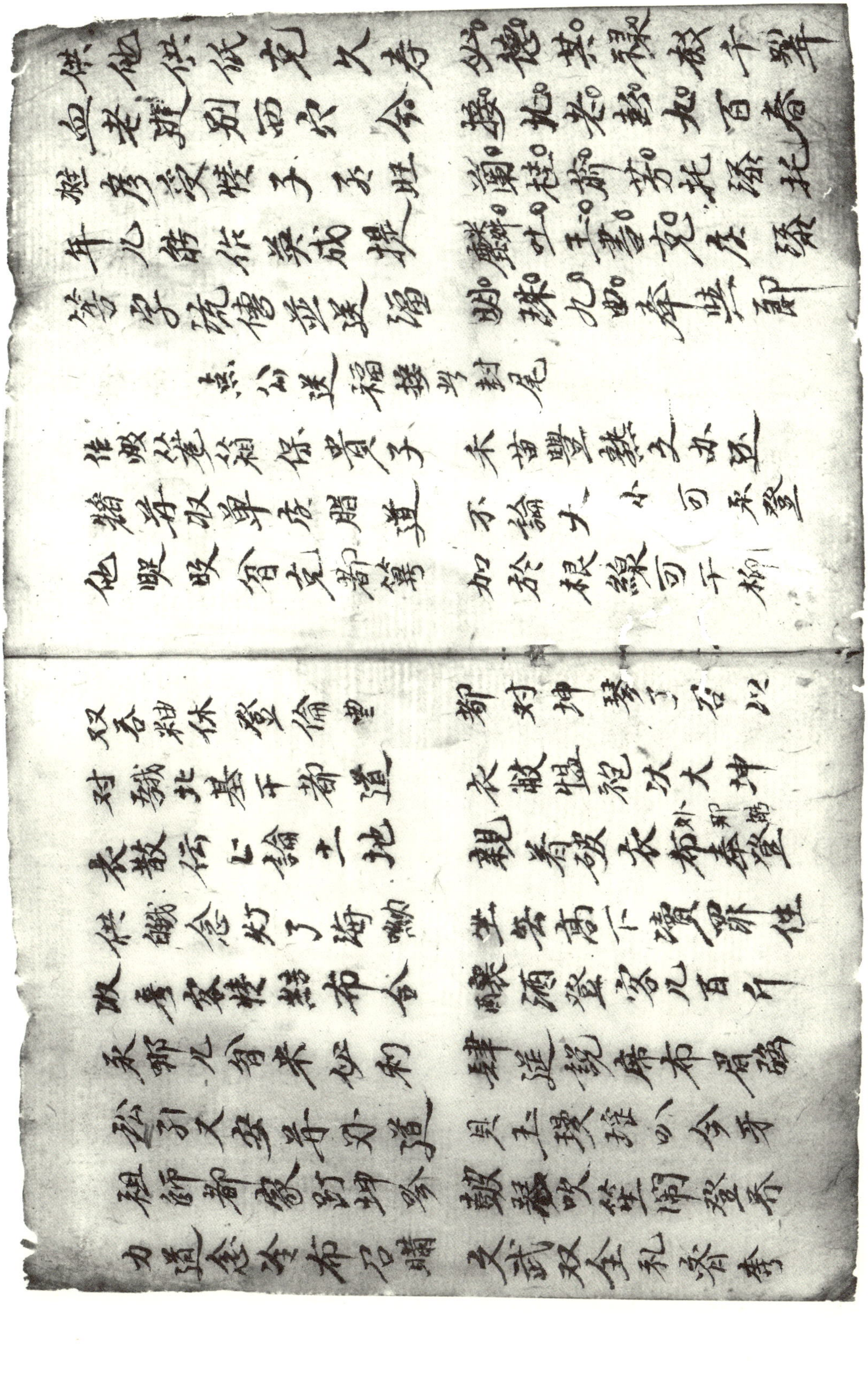

朋北旦琴正嫍俻　後生可畏正聰明
厶厶親身爫母老　阳師杅笞召婁王
𠊸灯鋴進正安穩　如似北晨敁𢿘吞
又蠟都𦤦供打𪔠　曾山敎手正兄定
犢群桂穷克十留　如𪔠琵琴論吞𧭟
㗊夗祖花𤏸娘𣍃　福緣善慶正𫎇𦚾
味西祖花下小講　接北南山啟下乔
又𣴘都𦤦供力令　卌藝高强办正丞𧓒正全
西𧿨办進娘的𣍃　西𧿨𪒍陳避几眗

𦤦了又𧿨并供嫆　天下凡流之决名
衣匕囊身布正强　如女娲娘可土𣑥
公夗福好克大寿　𡚸德其禄可克眉
血老𧿨别西穴今　接北老彭九百春
纳進供佳保肥達　金口一呀𠴰𢮦彦
𥈠乃鲜还夗圣𣕫　自求灵福荅还𢜤
保門子丢犂匕𣆄　蘭桂蓢芽眉几𣏌
年九𧕌佁仰成地　麟土空土又庚𣴘
保门本夵年匕初　金艮珍珠的𢿘箱

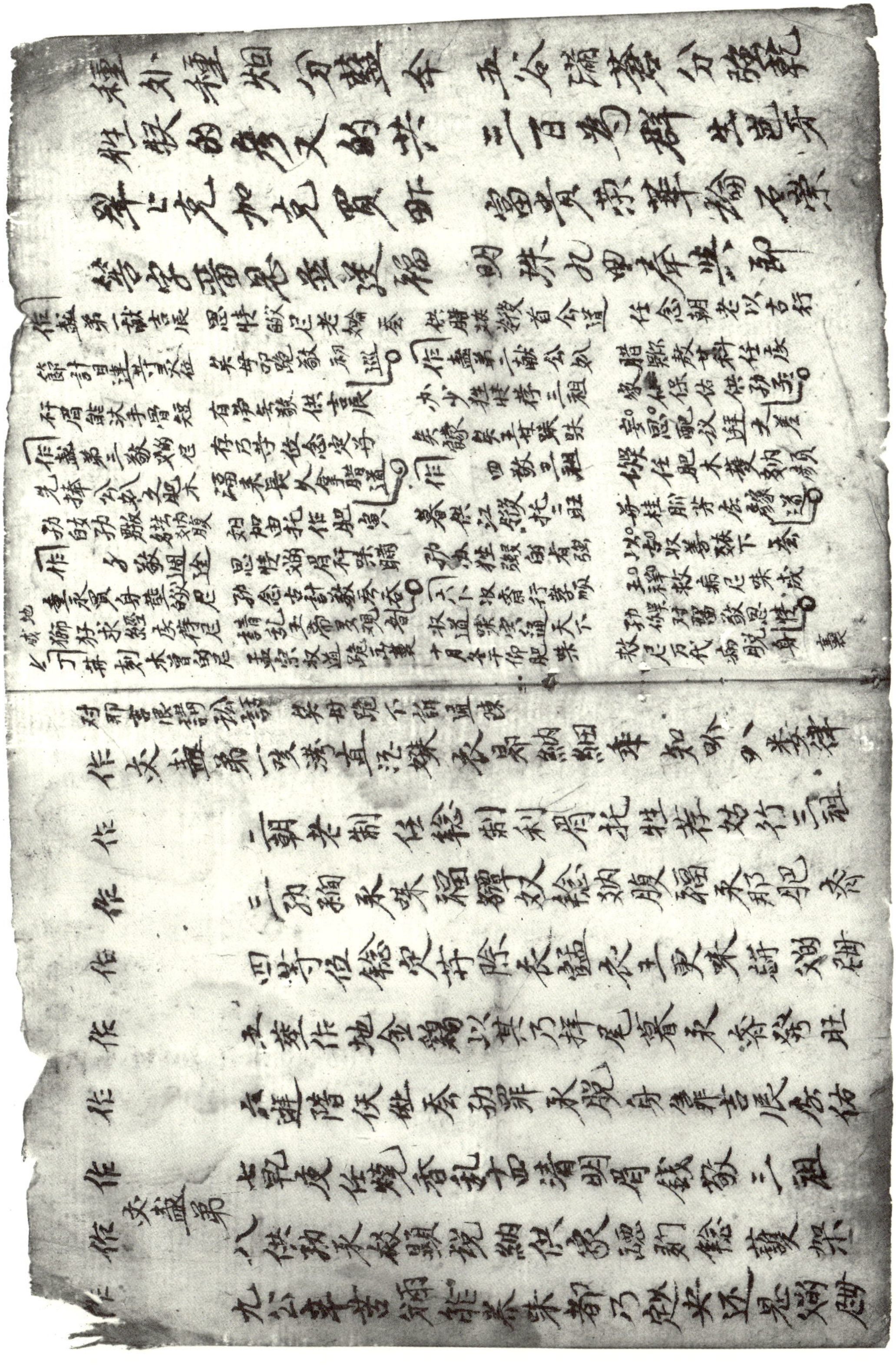

十涛直之㘈納ヨ文彥公老公左㘈納姜肥搭腊
兜蒲敬家先照目蓮進貢請供公供分容亦
打等敬盼短不講𡂿北时仙麦孩盼練𡁏能三
矣都盎十加乱五矣衆砅都加焚十矣都盎加鈎
孙𦧲向納肥寅先敬吉辰西肥達列位詺話不
山乃孙𦂒咳不火講公奴包㳷供孙𦂒𦗻火涛仰
用虔怪矣曤叩拜跪家先朊𨆴又添論古記
宝䟕制肥叁宝形制肥地矣𤲞𡂿𤲞𣿰矣耶𡛷
那曲秀孝順六叁用肥詺甑律可為尼日蓮
㪉陽更收善行万件心仰肥天反地腹乱七月初六托
𨚫地獄閫拜乱曾十八監之变𡁏𤠮孙查礼不
䰠拜等肥求經伏观音奉令润乱旼十三查咮
𦅜親𡂿閒獄主叩跪接咮𡂿虔虔亦𦖭裹斋供
進貢伏观音肥求經追荐变金㐂獅犳求乱
旼十四𤠮紙謝獄門𠅋求𢘊親𡂿乃村地流照日
蓮前玄𦗻𨆴訴通陳立大清之吐原𤲞正廣西
𡚹肥𣿰上面营慶遠府門𢫬𢘊𢘊肥主老宫村
㘸孙民正鎮寧節南ㄙ村班祖宗又等𡶵ㄙㄙ

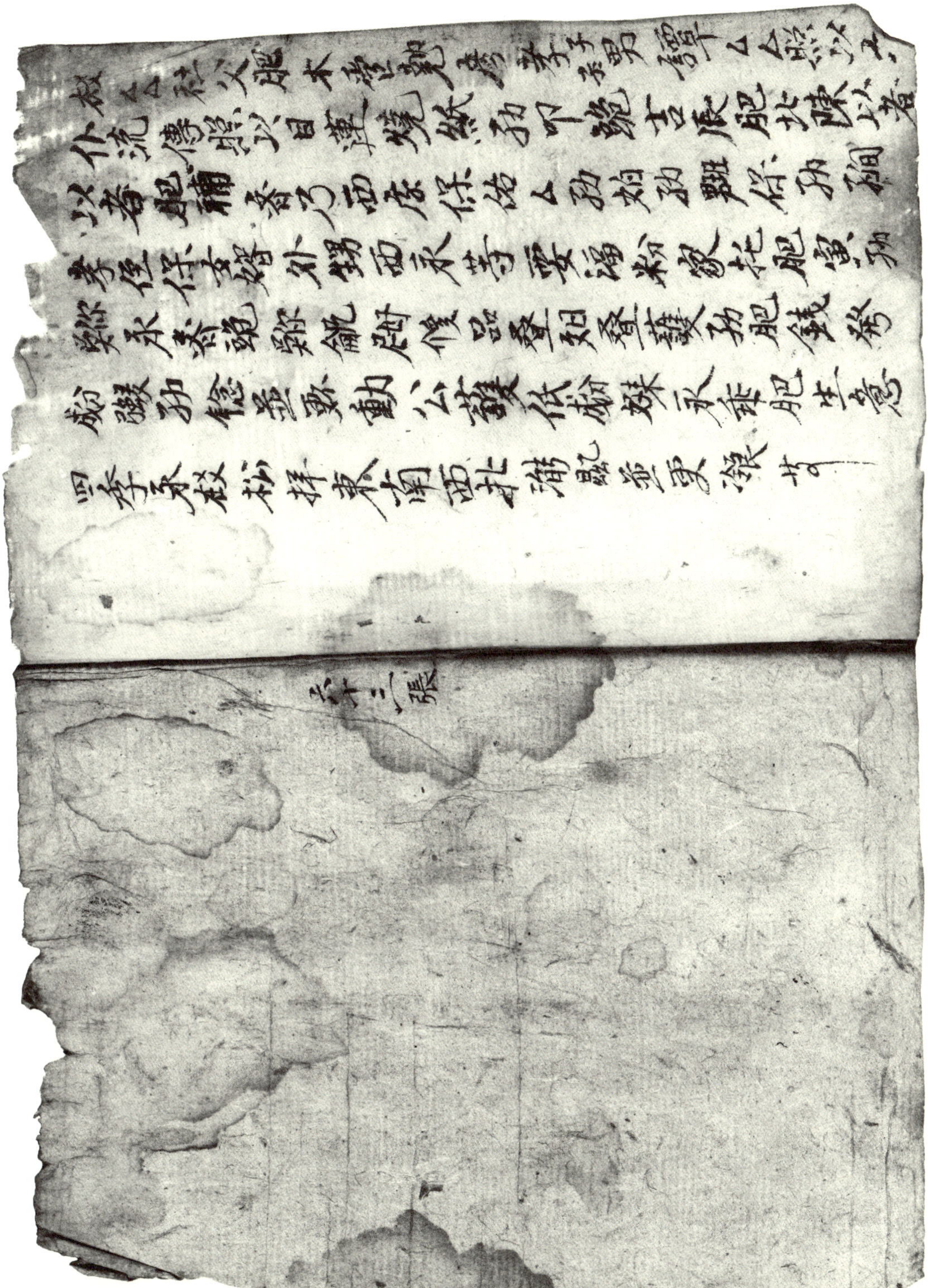

【贰】

红筵满供之本

紅筵滿供之本

不分卷，单册，三十七页。佚名撰，清光绪二十八年（公元一九〇二年）抄本。绵纸，线订册页装。抄本前部分以汉文抄录，杂有古壮字和毛南族土俗字，后部分以毛南族土俗字誊录，墨书。页面高二十一厘米，宽十四点五厘米，每半页七行，每行经文二至十八字。入选第二批《国家珍贵古籍名录》，编号06856。

《紅筵滿供之本》属毛南族『肥套』（还愿）经书，为毛南族民间举行还愿仪式时使用。在毛南族民间，祈神愿望实现后要举行还愿仪式，以请诸神降福护佑平安。

『紅筵滿供之本』为汉文，意为用于举办红筵还愿进供仪式的经书。

全书前半部分唱述请圣母、仙婆等诸神降福护佑主家的经过。后半部分内容大意为盘古、三皇五帝诸神保佑平安，主家举办还愿仪式酬谢等。文中注有『先读前篇后接后二篇』，并写有『谭仁明新造改良』字样。

《紅筵滿供之本》内文为汉文、古壮字、毛南族土俗字合璧，有朱色句读，书页完好，抄写年代确切，在南方民间信仰经书中版本较早，对研究毛南族历史、文化、信仰、习俗、语言、文字等有重要参考价值。

该抄本由广西壮族自治区少数民族古籍工作办公室于二〇〇八年从广西河池市环江毛南族自治县下南乡下南村下朴屯搜集，今藏广西壮族自治区少数民族古籍工作办公室。

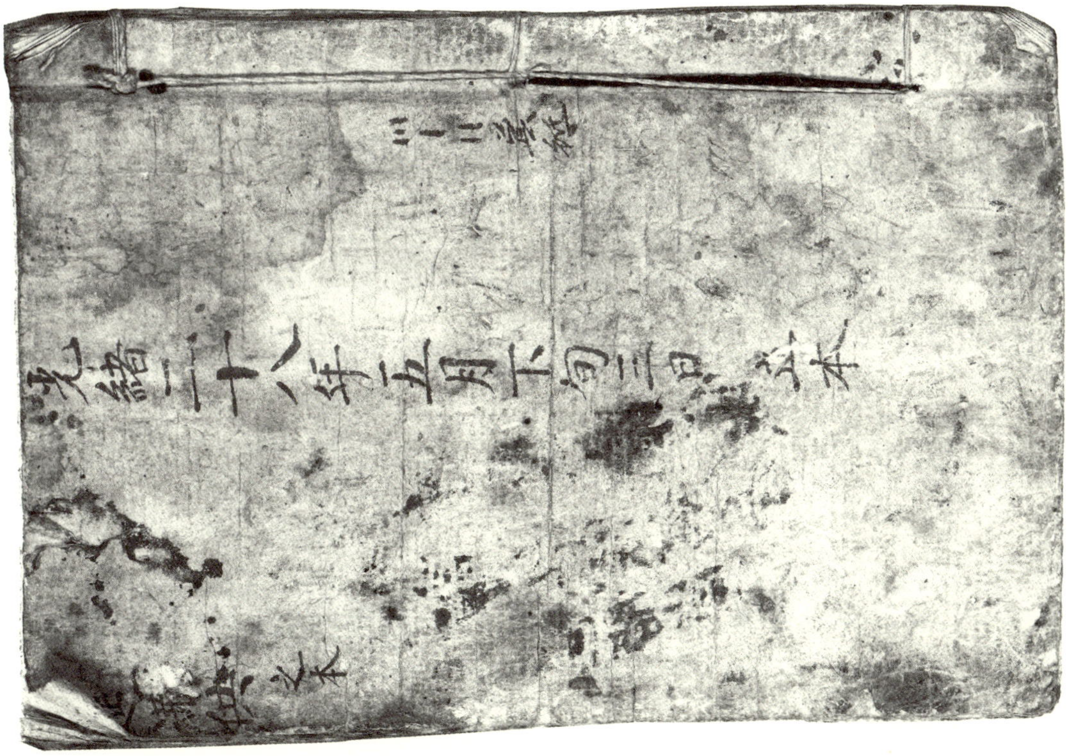
光緒二十八年五月下旬三日

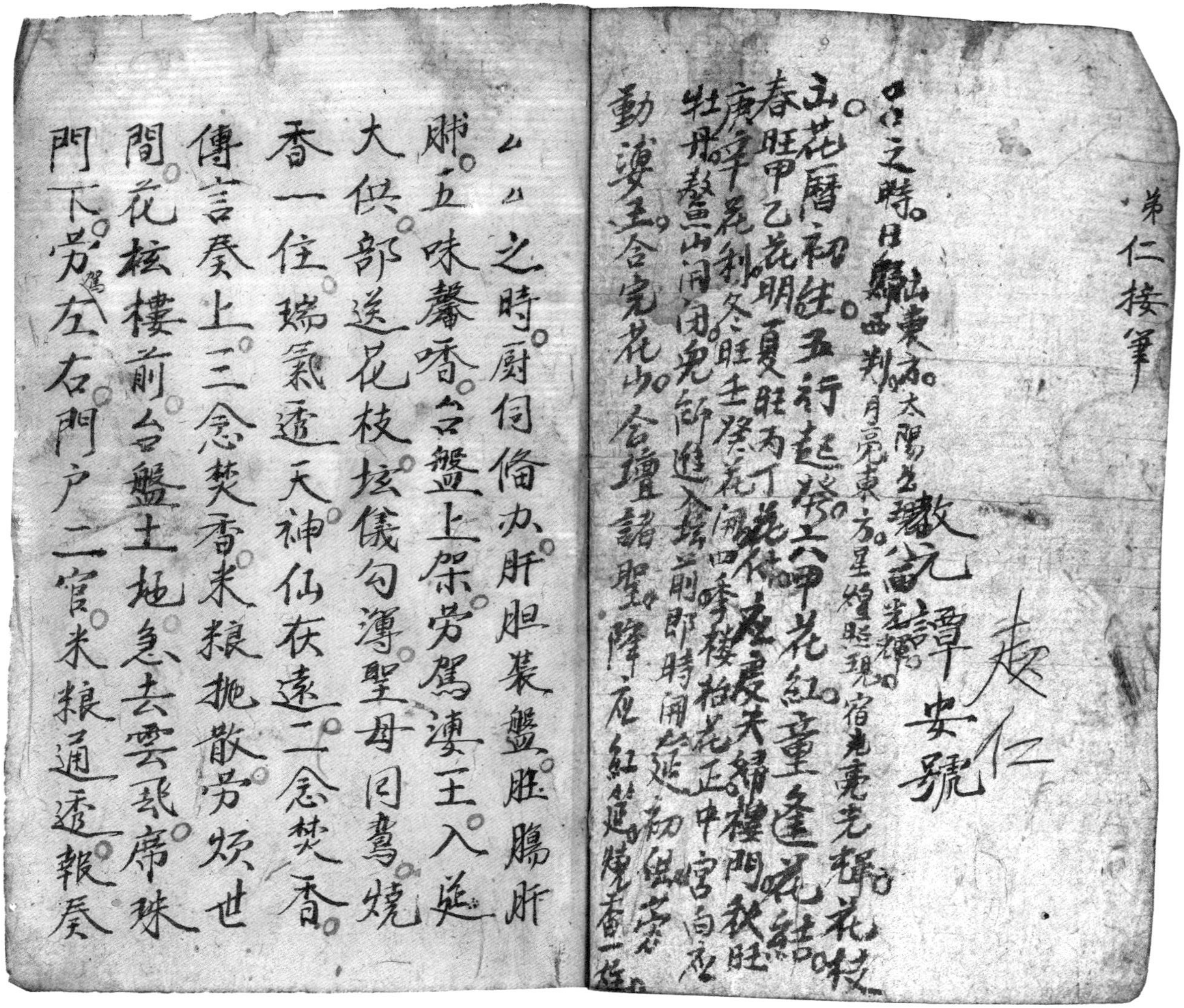

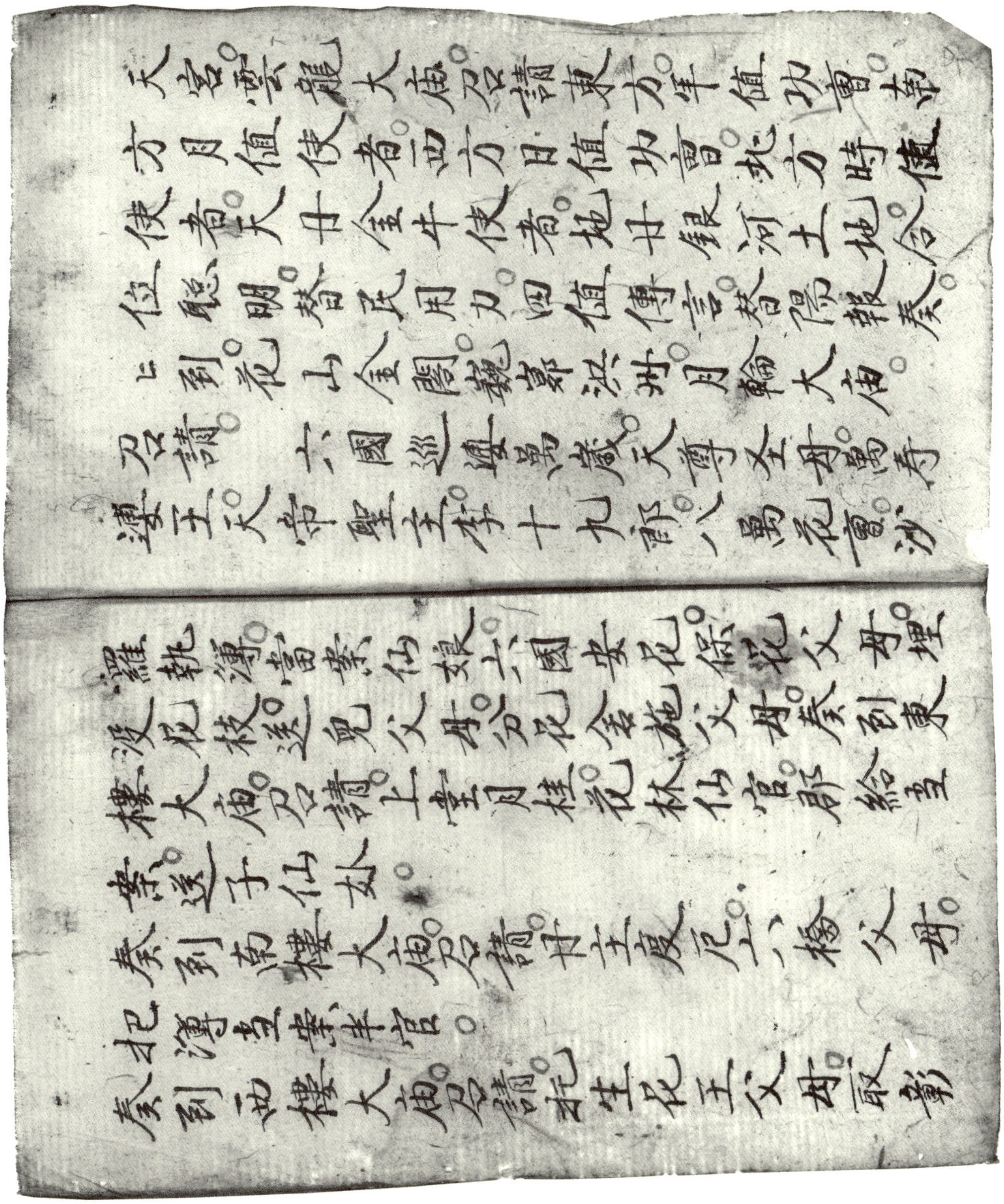

當案送子仙娘
奏到北樓大廟召請花隊（家）相金盆书案
送旱仙娘
奏到中宮大廟召請花府群仙管花书
案半官送子仙娘
迎請六國上界大星白頭聖母中界紅蓮
仙婆下界大白仙婆六國起婆陰婆天尊

聖母造婆巍婆天尊聖母奏婆盧婆天尊
圣母顯々第九花枝左右金童玉女神々
請到伱々曉知
閔焚奏狀敬奏花山門下迎請六国上胎中
胎下胎白結花王父母夜育娑奈主薄曆
當案半官
敬奏花山门下迎請六國朧胎朧孕朧

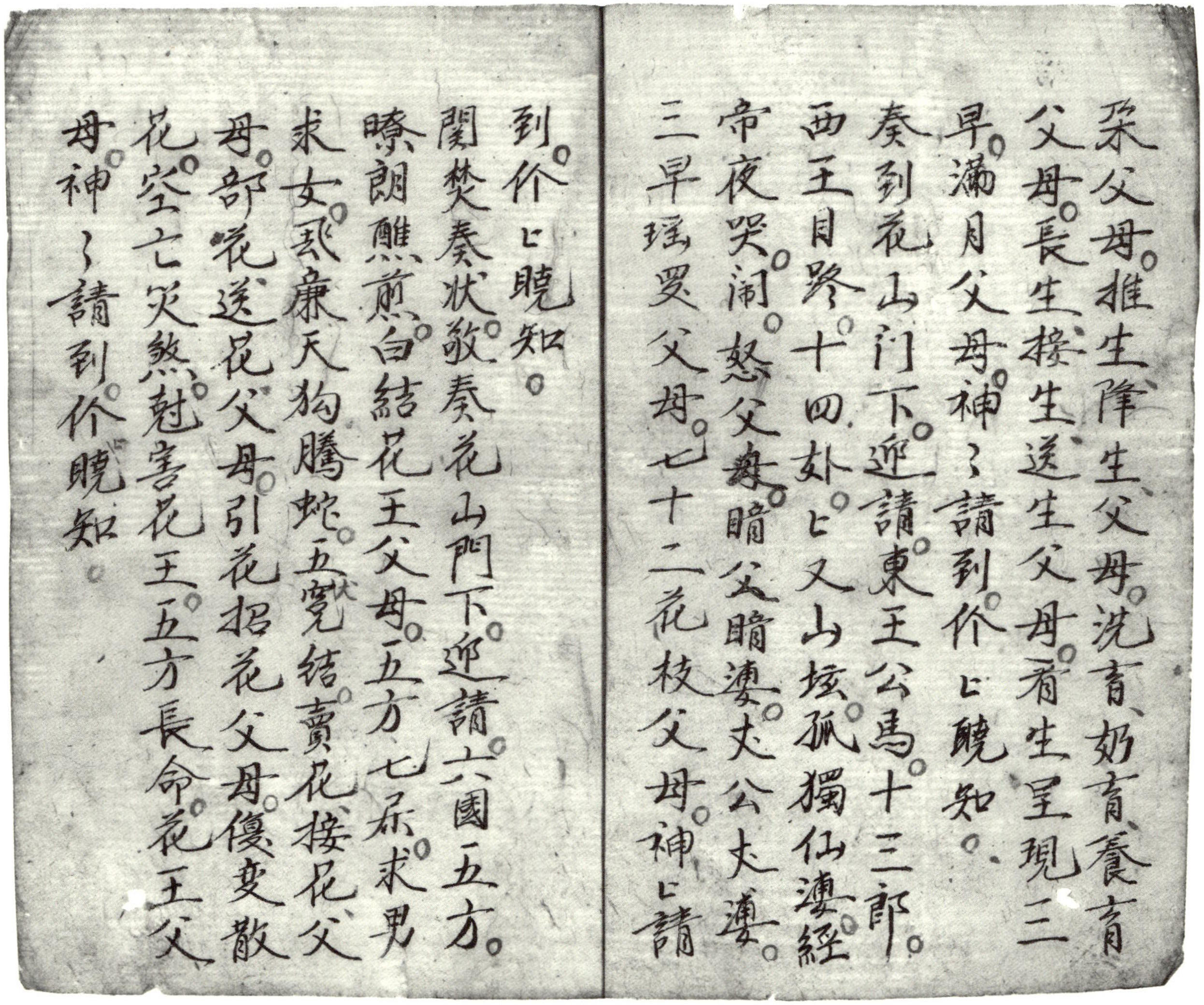
朶父母推生降生父母洗肓、奶肓養肓
父母長生接生送生父母肴生呈現三
早滿月父母神〻請到介ㄈ曉知
奏到花山门下迎請東王公馬十三郎
西王目路十四姑ㄈ又山坛孤獨仙凄經
帝夜哭鬧怒父母暗父暗淒丈公丈淒
三早瑶叟父母七十二花枝父母神ㄈ請
到介ㄈ曉知
閑焚奏狀敬奏花山門下迎請六國五方
曉朗熊煎白結花王父母五方七𡿨求男
求女乑康天狗騰蛇五冤結賣花接花父
母部花送花父母引花招花父母優変散
花空亡災煞魁害花王五方長命花王父
母神〻請到介曉知

閲焚奏狀敎奏花山門下迎請六國第一
司童弟二司鮀第三司推第四司邑第
五司河第六司莊孤神寡宿六國天橋
地橋陰橋陽扇干秋萬歲扇桴第一橋
根第二扇枝第三橋桴第四橋渡第五
橋惡鬼第六扇跌亡第七扇头郎君第
十橋尾小娘橋桴引逼句愿達了愿半

花会 送童第八夵交童第九夵 愿

官神々請到价々曉知
閲文奏狀敎奏花山門下迎請上樓貫花女
顕故干故仙女護故勅婚仙女九宮八卦仙
女隨生定生仙女七十二賢人仙女轉身巡
㙮瞭朗花家黄河九曲仙女神々請到個
個曉知
閲焚奏狀敎奏花山門下迎請中樓年朔月

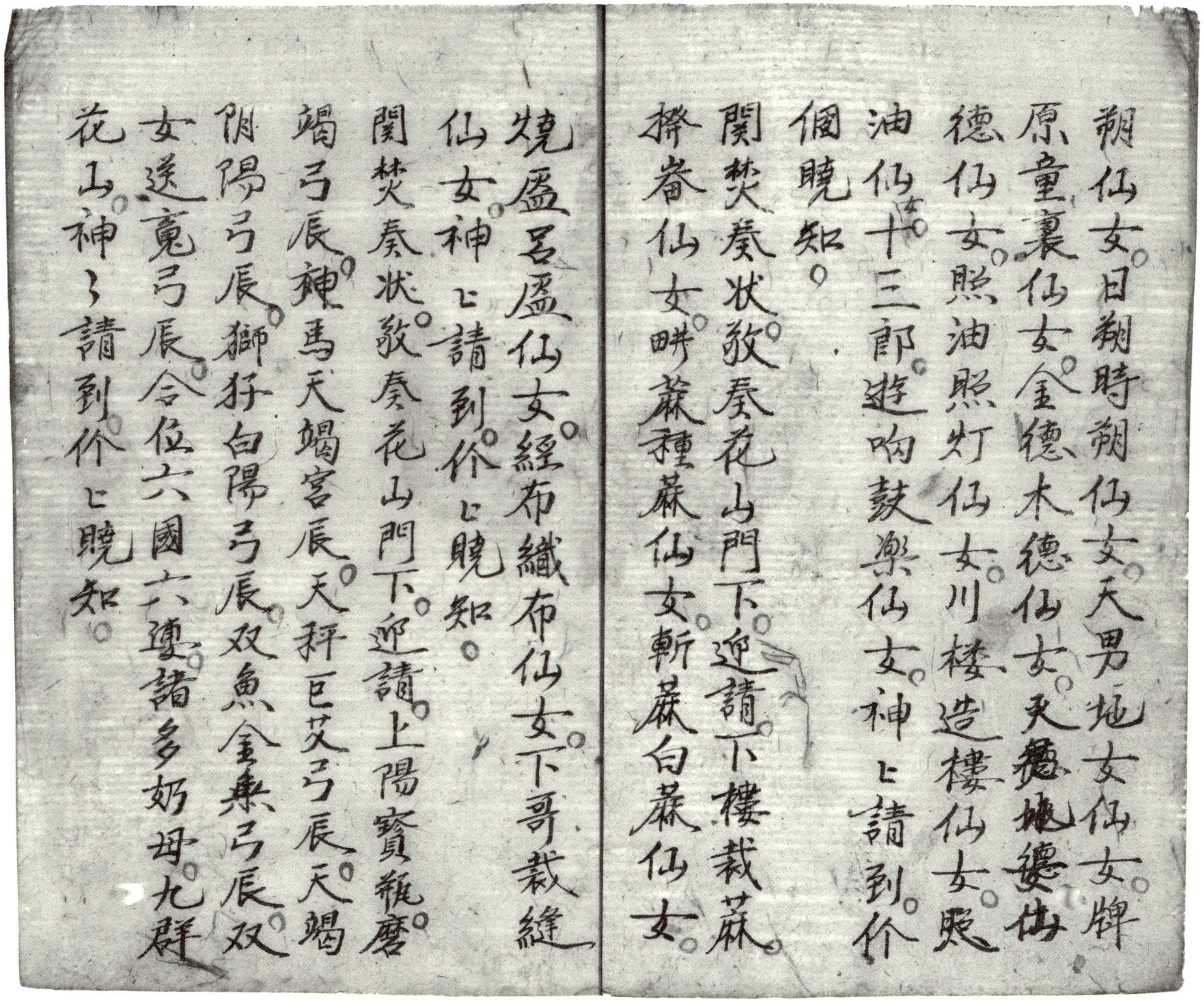
朔仙女日朔時朔仙女天男地女仙女牌
原童裹仙女金德木德仙女天鵝娥婆仙
德仙女照油照灯仙女川樓造樓仙女照
油仙十三郎遊响鼓樂仙女神匕請到价
個曉知
閔焚奏狀敫奏花山門下迎請下樓裁麻
撈畬仙女畊麻種麻仙女斬麻白麻仙女
燒盈呂盈仙女經布織布仙女下哥裁縫
仙女神匕請到价匕曉知
閔焚奏狀敫奏花山門下迎請上陽寶瓶磨
竭弓辰神馬天竭宮辰天拜巨艾弓辰天竭
陰陽弓辰獅犽白陽弓辰双魚金魚弓辰双
女送蒐弓辰合位六國六蓮諸多奶母九群
花山神〻請到价匕曉知

閔焚奏狀敘奏花山嵩啟門下迎請公瑶
計耕瑶老孙瑶造𡢃瑶主十二瑶主十三瑶
毋十九瑶羅一嵩皆香二硐𨁈泊三嵩攄犲
四硐皆晃五硐𣈜畓六嵩攄鵲七硐賣花
八嵩賣材九硐行路十硐𡋾毋九嵩𡋾瑶
𡢃送孙𦂉耕送花首𡢃送孙朋豢耕送𦤳
瑯㪘神〻讀到价〻曉知

功曹接攬陽間丹焚以勤速奏〻到天君
花雲大庙　　召請
上司高祖神農皇帝大王上司皇后妇众上
司金瓶楊柳富業半官
奏到海罡大廟召請上司川天珉主十三郎
宮內金銀二殿妇人上司益天威德大王上
司日月二宮半官上司天倉禾谷父母上司六

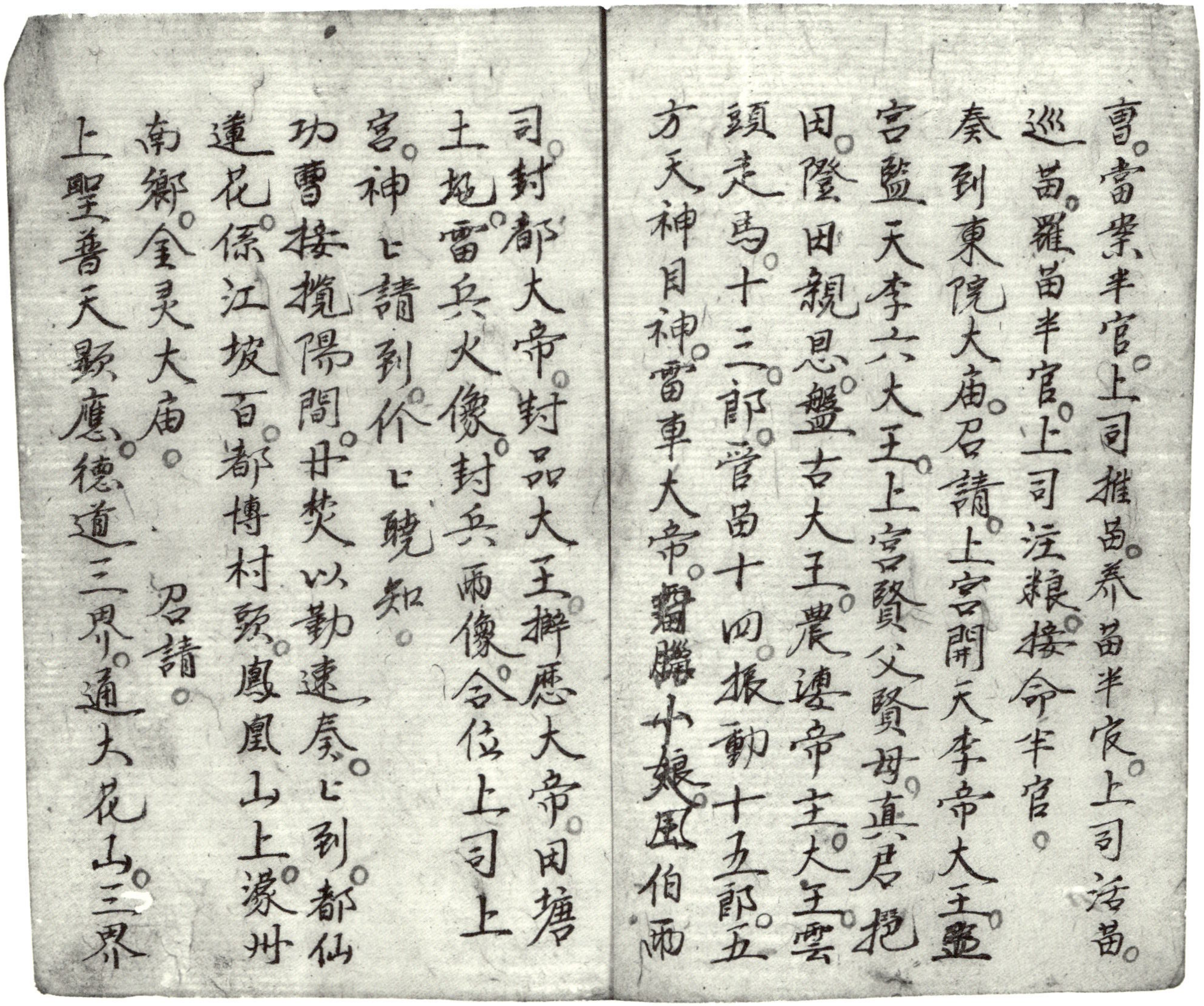
曹當案半官上司推苗养苗半皮上司活苗
巡苗羅苗半官上司注粮接命半官
奏到東院大庙召請上宮開天李帝大王盘
宮監天李六大王上宮賢父賢母真君抱
田隆田親恩盤古大王農婆帝主大王雲
頭走馬十三郎曾苗十四振動十五郎五
方天神目神雷車大帝霜騰小娘風伯雨
司封都大帝封品大王擗歷大帝田塘
土地雷兵火像封兵雨像合位上司上
宮神匕請到价匕曉知
功曹接攬陽間卅焚以勤速奏匕到都仙
蓮花保江坡百都博村頭鳳凰山上潒州
南鄉金灵大庙　召請
上聖善天顯應德道三界通大花山三界

部曆引花宮四樑氏理善妇分三界抄式
李福當棠半官
奏到古約大庙召請奉勅三官石團大庙
召請煩德金傳龍泉傘帝二界道宝武傘
行鄉通里雷部定法三郎三界金牌銀牌
金郎銀郎年郎月郎日郎時郎三界趙僞
灵官馬隆將軍隆台元帥都台元帥三
界年中獄主半官
奏到龍壞大庙召請天門感應馮四老傘
古輪大庙召請馮遠二爺川風大庙召請
馮教三爺蓮花大庙召請上界天仙黄德
遠公合位兵公衆位兵徒馬奴裝轎出廟
金灵神匕請到個匕曉知
功曹接攬陽間丹文以勤速奏匕到河龍渡

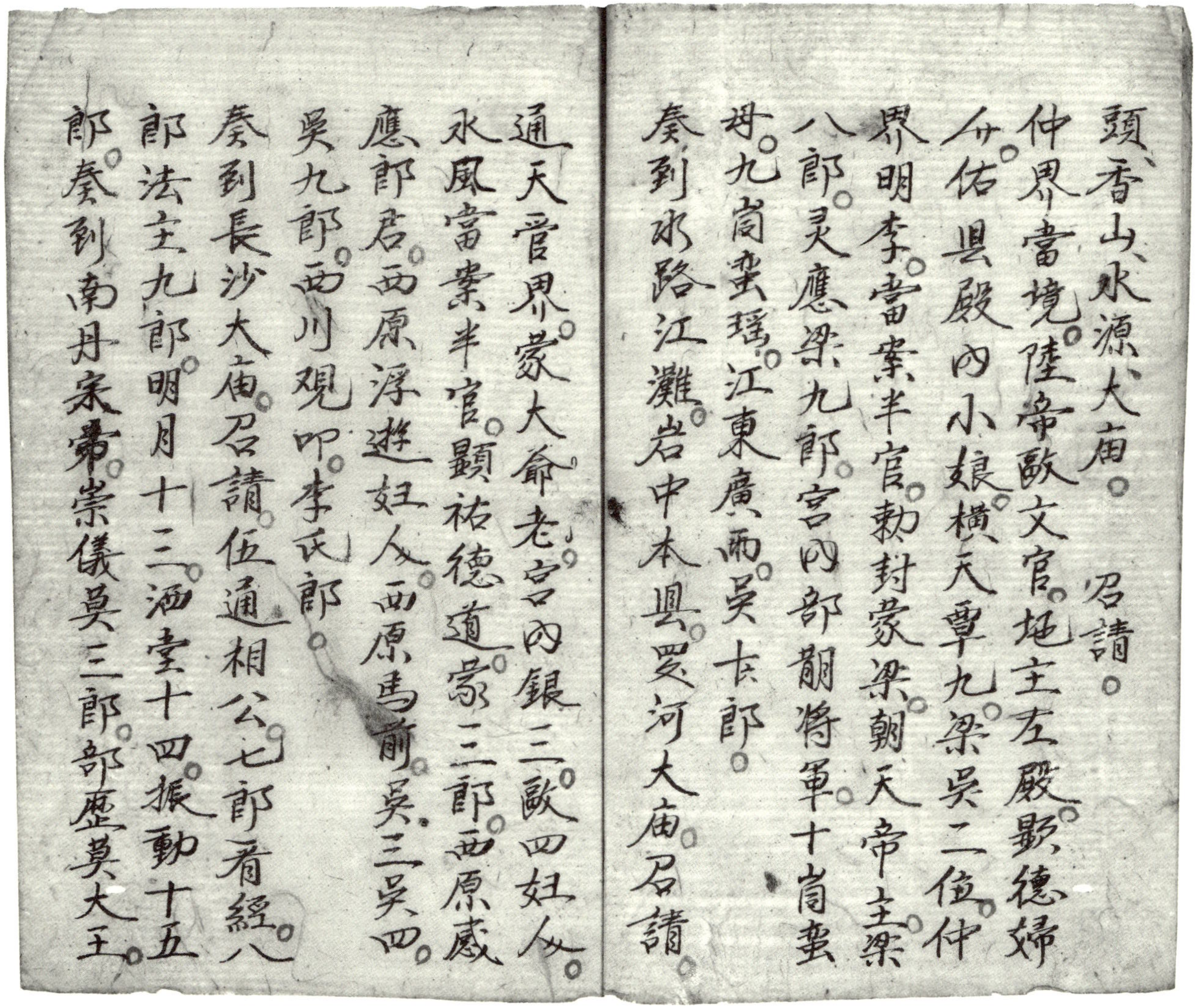
頭香山、水源大廟。召請。
仲界當境陸帝歐文官地主左殿歐德婦
仲佑県殿內小娘橫天尊九梁吳二位仲
界明李當案半官勅封蒙梁朝天帝主梁
八郎灵應梁九郎宮內部韶將軍十崗蛮
母。九崗蛮瑶。江東廣西吳卡郎
奏到水路江灘岩中本県罗河大廟召請
通天曾界蒙大爺老宮內銀三歐四妇人
水風當案半官顯祐德道蒙二三郎西原感
應郎君西原浮遊妇人西原馬前吳三吳四
吳九郎西川观叩李氏郎
奏到長沙大廟召請伍通相公七郎看經八
郎法主九郎明月十三酒台十四振動十五
郎奏到南丹宋常崇儀吳三郎部歷莫大王

河池圣帝。莫一護國。莫二交天。莫八行兵。
莫九平主。花林李十九郎。奏𠟄曰卅大庙。
召請圯府。金甲李令相公。此立寨内謝神。
天河县六巡九鈒東丁。一圣二圣三圣廪。
官都亮。一殿二殿三殿大王。合宅仲界。
奏到閆王大庙。召請年光童子。月光童子。
日光童子。時光童子。十二光童。封童瀨度。

引路婆王。
奏到土坪。叮嚀土藏庙内。迎請東方宅福。
南方宅禄。西方宅德。北方宅貴。中央宅主。
五方金貴地宅。龍神鷄貿鴨槽牛榺馬棧。
禾倉酒庫。屢財送福。龍神門户二官福德。
長生興隆土地。諸位龍神〻神。請到价〻。
曉知。

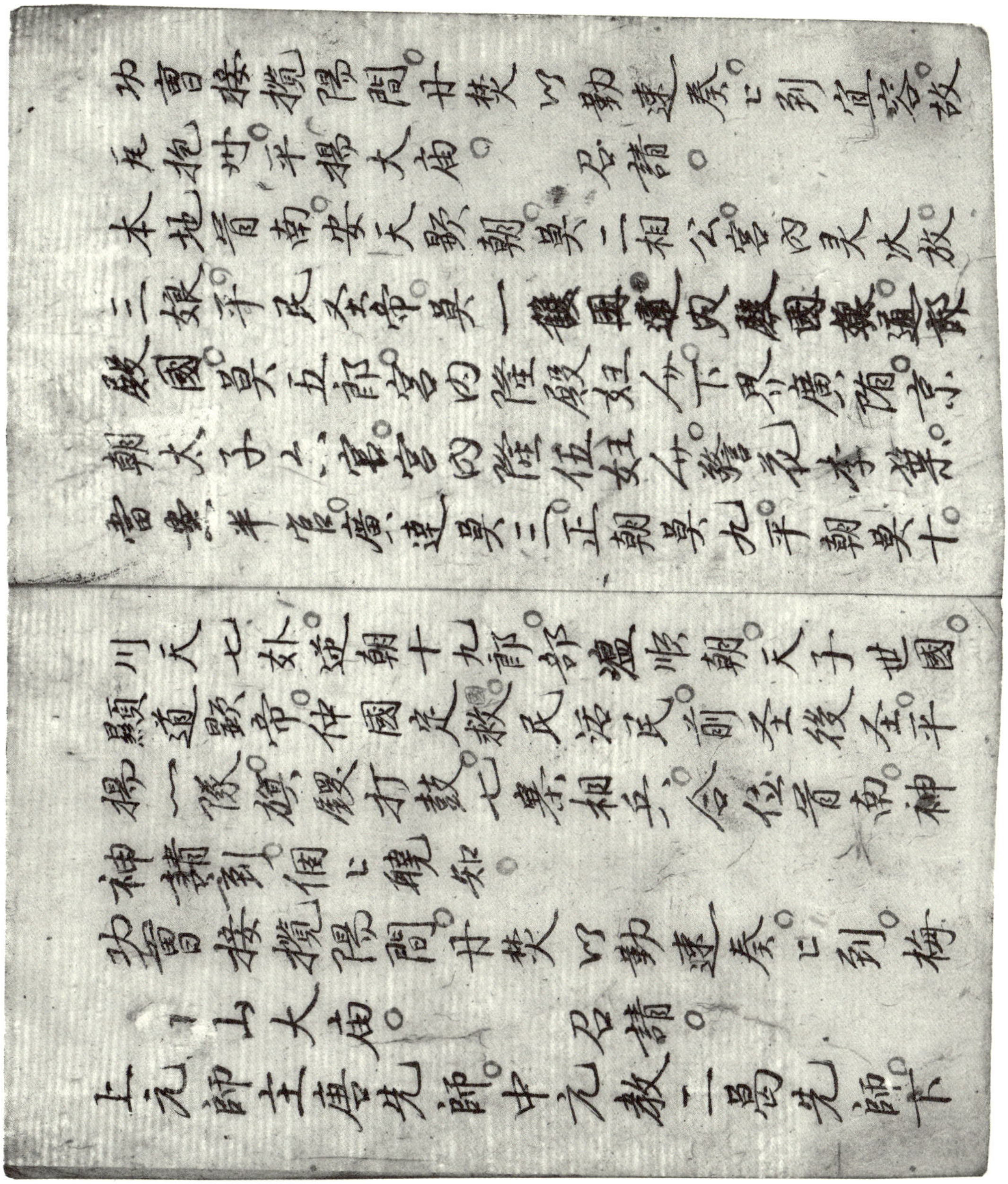
功曹接攬陽間卅袂吖勒遼奏匕剣宜宕故
厇抱对平想大廟 卍請
本地官南中天大影剳呉二相冫宕内ヨ大冰放
二娘平民文宅中呉一鐵國庫邊因鎮國集通報
殿國呉正五郎宕内陸殿妇仁下界唐隋言
朝太子上宅宮内陸伍妇仁驚孔李楚
當案半店塘遊呉三正朝呉九平朝呉十
川天七卦逆朝十九郎部遍順朝天子世國
顯道歇帝仲國定救民放民三剛圣後圣平
揚一隊匭偄打鼓七奉相五合位官南神
神請到個匕饒知
功曹接攬陽間卅袂吖勒遼奏匕剣梅
三山大廟 卍請
上元師主唐先師中元教二昌先師下

元法主周先師奏到南蒙大庙召請前
師後武原旧師公
奏到肙山大庙召請張天大法六甲六丁
防傳護命曆代祖師本纍二元僊前
香火十方学童查案半官
奏到極宮大庙召請京天教主長趙李
天師傳符度法部押紅筵

奏到梅山殿前魯山庙內延請乙乙師公合
位師公合完師傳觧度筵仪神匕請到价匕
曉知
功曹接攬陽間閔焚以勤速奏匕到村头卅
洪東京大庙　召請
本部社王所屬古今社霻奏到高宴大庙
召請本県城隍令社歇祐之神社父母社

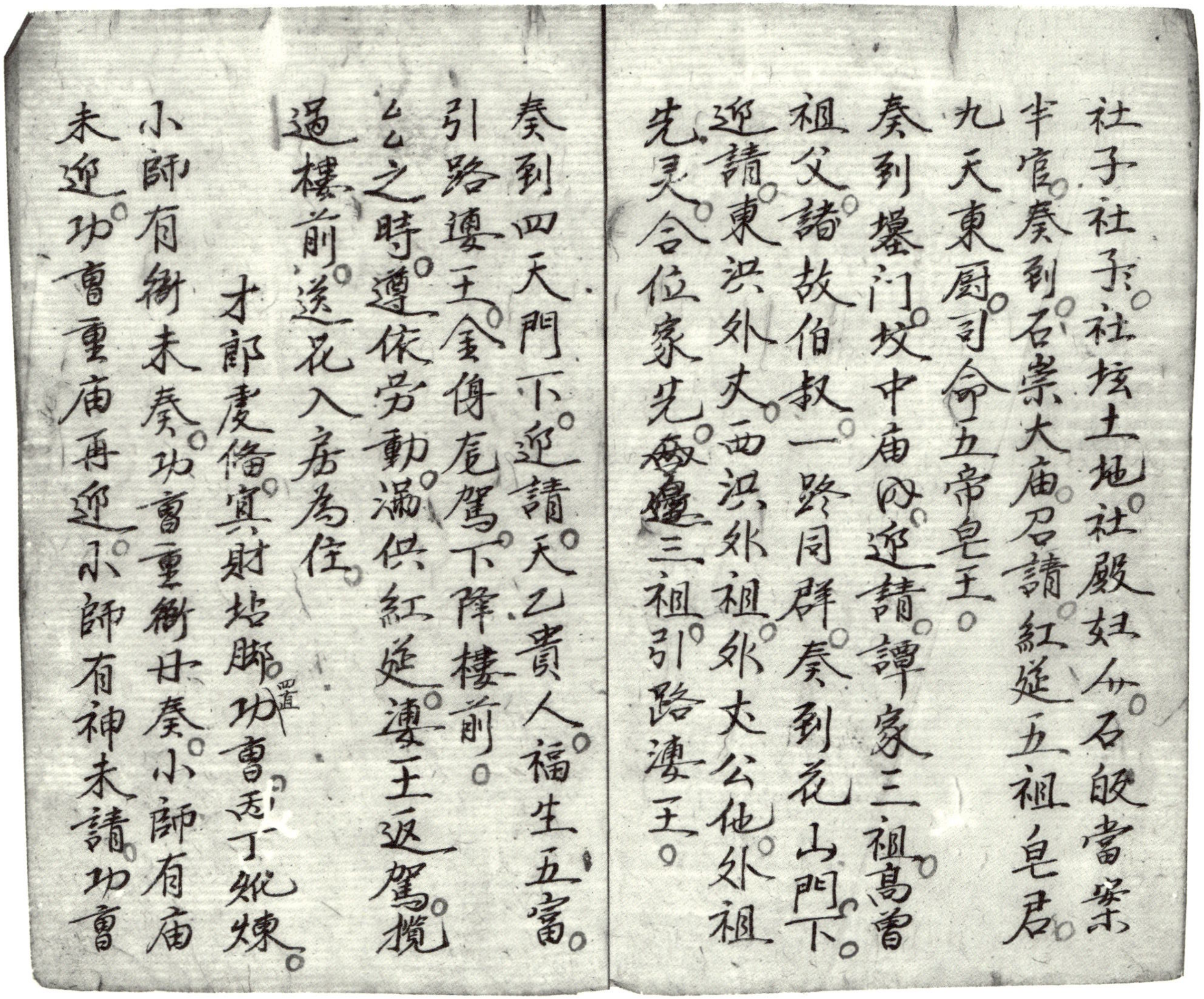
社子社孓社坛土地社殿妇仚石皎當案
半官奏到石崇大庙召請紅筵五祖皂君
九天東厨司命五帝皂王
奏到爨门坟中庙内迎請譚家三祖高曾
祖父諸故伯叔一路同群奏到花山門下
迎請東洪外太西洪外祖外太公他外祖
先灵合位家先家壇三祖引路凄王
奏到四天門下迎請天乙貴人福生五富
引路凄王金傳扈駕下降樓前
幺之時遵依劳動满供紅筵凄王返駕攬
過樓前送花入房為住
才郎虔備冥財褚脚功曹走丁乢煉
小師有衙未奏功曹重衙廿奏小師有庙
未迎功曹重庙再迎小師有神未請功曹

重神計請婁王降应令時
銀銭打発坫脚功曹桼高奏廟接召婁王
啟文功曹使者四值騎馬行程替民同話
奏過天宮路上逢風否住東路逢西吴停
南路逢人吴吓西路逢酒吴喘北隘逢
外吴笑中宮逢廟王迎不奏他年他月郎
刻今日今時吴卣限至

急去快來才郎立台寺候拜和禰仙銀銭
同奉拜送功曹急去急同
閑焚以去卄奏以完傳奏以畢急奏以周
小師迎接起動一捏焚香再敖婁王起脚
前來過桌領牲郎時漏筵大供潬筵戯動
婁王眼前金傳尼駕下降要前
一捏焚香又去二捏焚香又來𢫬前立台

等候元師拜扣神灵棚枕弹琴鼓闹。
此筵放炮接迎婆王起停駕霧應度
樓前。
二撜焚香以過。再裝王撜焚香坛前三元
度觧労動社派牲狀厨伺斬喉放血醯膊髓
打脱毛衣放入鍋煮火炎台前肉便周全。
即時同筵賣駕下降樓前。

〻〻之時遵依労動滿供紅婆王返駕燒
炏麼文坛門句簿聖母同臺千年度達
夫妇修缘求花保子。
三撜奏請以畢。放白聖懕以完渾筵重召。
篋叫婆灵元民候駕。
散下米谷落下米粮攢灶五方刀口請婆王降
應令時。

先办焚香東方甲乙前接領牲二办焚香
南方火炎因便周全三𢹂焚香西方庚辛
壇門席倫架住台前四办焚香北方壬癸
水洗肚腸五办焚香中央己土大路濛濛
天尊駕霧應度臨元　東南西北五色
奏完攢办焚香米粮寺接引歡婁王
五方奏請以畢計白聖歷以周才郎有

求　有應聖神曉聞開門派步文武威儀
呀藹奏陰陽奏难通再重迎請婁王降
應令時
一奏二請先奏甲乙東城二奏丙丁南
路三奏西府庚辛四奏北門壬癸五奏
戊己中央六奏兩方地境七奏神圣曉聞
八奏廟门圣府九奏土地急迎十奏起傳

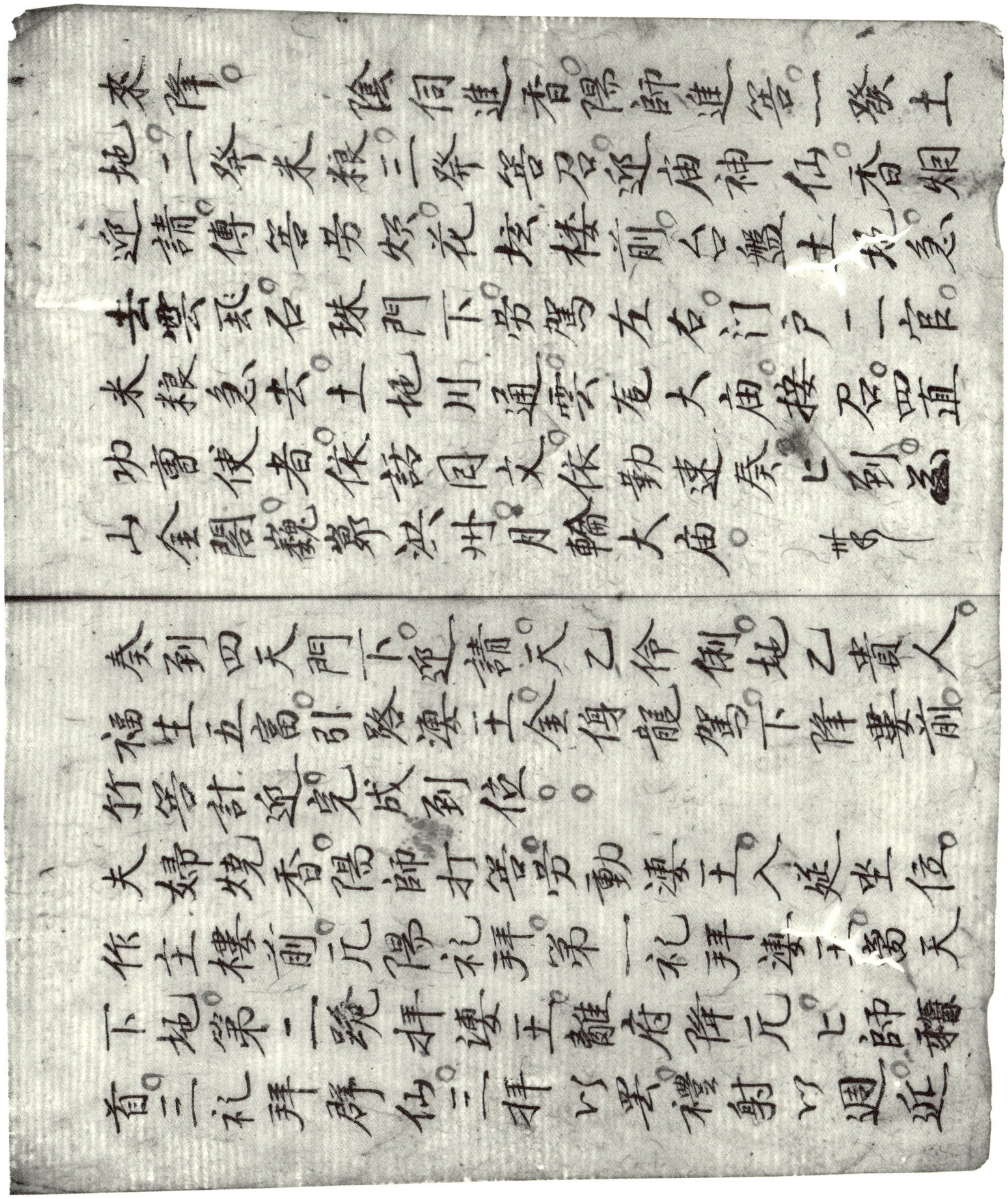

台儀炉上香○
香爐烣火白添紅○明燈花朶在壇中○
茶葉色紅厨伺办○香燒火淡泠遊匕○
再添香爐烔馥郁○同筵上熟献香花○
香花茶菓先進全○酸肉六荳蔬菜塩○
猪肉肚鵰馨唔味○鷄肉慶倫熟飯全○
厨綻銀錢鰲山掛○紅㐬財馬進漊王○

葉色米粽三角委○餅糖薑肉引花枝○
鷄蛋光輝引花朶○甘蔗米粑任周全○
爉肉馨唔柑子拳○攢樓進貢你漊王○
紅樓二座百色装○綿被依古盎樓前○
壇下橋梂紅衣象○鑼鼓瓦鈸杅筶鈴○
帽笛彈琴護師命○双標勑令押凶星○
廟短瞄長不敢多言乱○護慶倫週全差到○

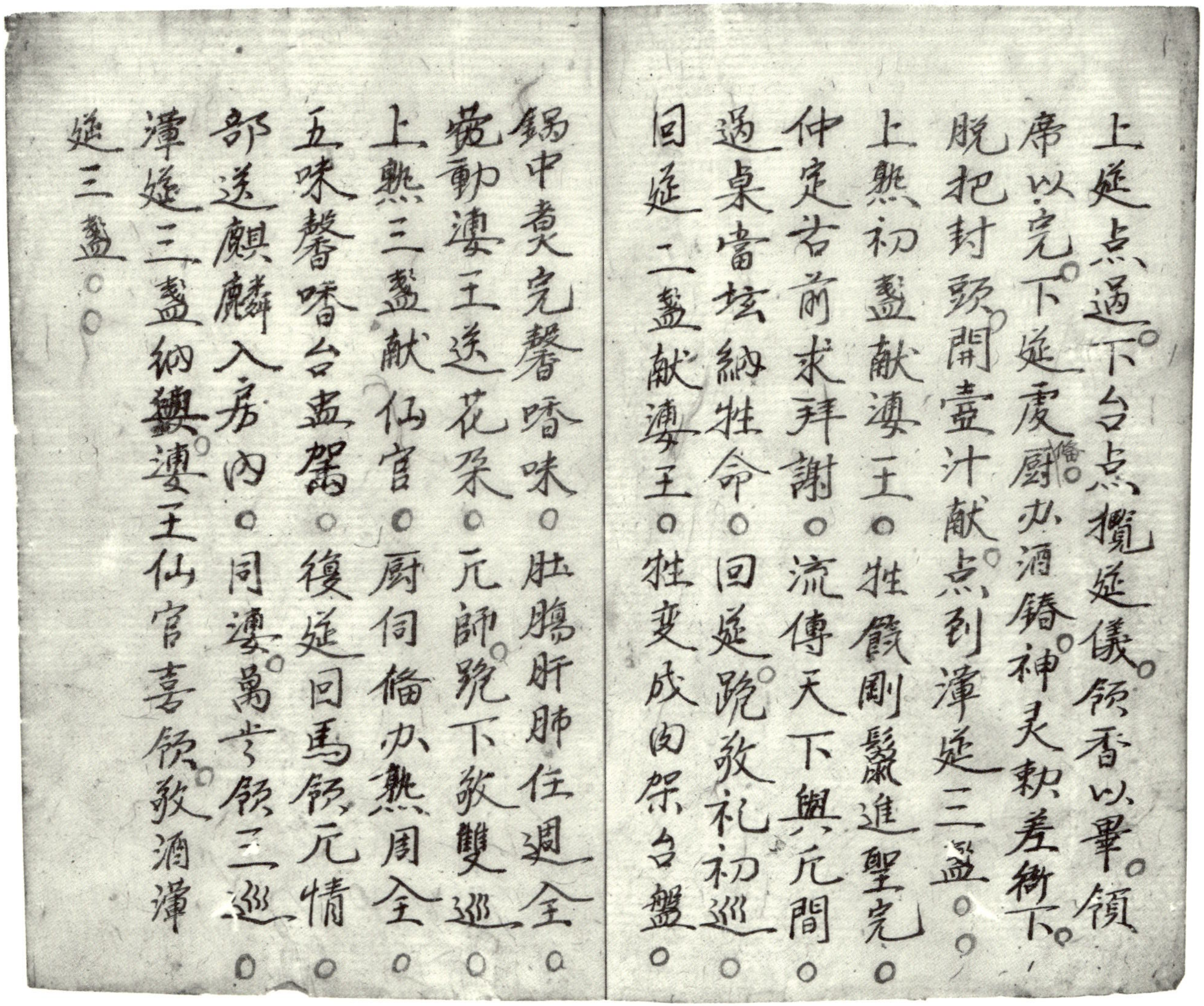
上筵点過○下台点攬筵儀○領香以畢○領
席以完○下筵庱廚办酒錡○神夫勅差衙下○
脱把封頭○開壹汁献点○到潭筵二盞○
上熱初盞献漊王○牲餼剛鬣進聖完○
仲定右前求拜謝○流傳天下與亓間○
過桌當坛納牲命○回筵跪敀礼初巡○
回筵二盞献漊王○牲变成肉架台盤○
錫中奠完馨嗜味○肚膓肝肺任週全○
撓動漊王送花朶○亓師跪下敀雙巡○
上熱三盞献仙官○廚伺倫办熟周全○
五味馨嗜台盡盤○復筵回馬領亓情○
部送麒麟入房内○同漊萬壽領三巡○
潭筵三盞納鑾漊王仙官喜領敀酒潭
筵三盞○○

準筵三盞在前十二盞飲後点到六
酒論流正献○○
正月立春雨水時○梅花初綻生葉枝○
揚香孤兒救親父○入山打虎世間傳○
牡丹花緑先娘送○河東三鳳入房中○
二月京挑及春分○㽵李結朶蔚上輪○
文隆出門清官位○再嫁小女無霜中○
自念妻宮淡言語○仙娘二汏送真花○
三月清明谷雨時○草瑞茶發伶俐枝○
丁蘭飯依求穧福○手藝刻木作傘娘○
供僑燒香滿天下○花王二汏送花枝○
四月立夏小滿先○夏秧各處犁琶因○
孟姜修緣招郎骨○雙身托出傳古今○
范良思心合小女○仙娘下地送真花○

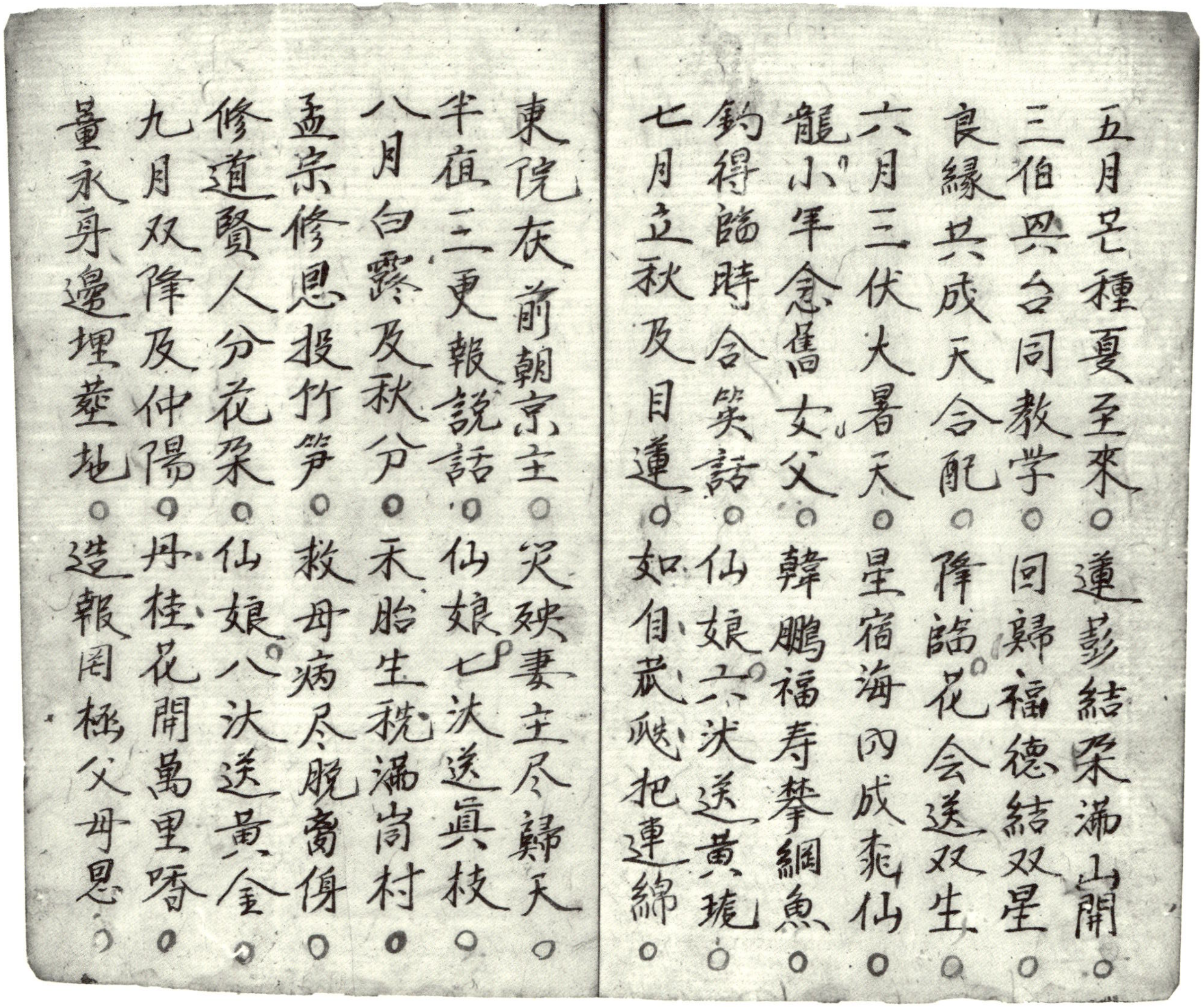

五月芒種夏至來 ○ 蓮彭結朶滿山開 ○
三伯與台同教学 ○ 同歸福德結双星 ○
良緣共成天合配 ○ 降臨花会送双生 ○
六月三伏大暑天 ○ 星宿海内成飛仙 ○
龍小年念舊女父 ○ 韓鵬福寿拏綱魚 ○
釣得臨時合笑話 ○ 仙娘六汏送黃瓏 ○
七月立秋及目蓮 ○ 如自蔵飈把連綿 ○
東院灰前朝京主 ○ 哭殃妻主尽歸天 ○
半夜三更報說話 ○ 仙娘七汏送眞枝 ○
八月白露及秋分 ○ 禾胎生稅滿崗村 ○
孟宗修恩投竹笋 ○ 救母病尽脱禽傳 ○
修道賢人分花朶 ○ 仙娘八汏送黃金 ○
九月双降及仲陽 ○ 丹桂花開萬里香 ○
量永身邊埋壅地 ○ 造報罔極父母恩 ○

開到山門金銀福 ○ 推笙九曲奉論郎 ○
十月立冬大雪時 ○ 把竹生出滿塘池 ○
王祥打魚救父病 ○ 醫藥親命脫災殃 ○
天上取粮分花向 ○ 鯉魚跳上過龍門 ○
十一冬至大寒時 ○ 漢容染色時千知 ○
看經古時去求佚 ○ 平心功德修道恩 ○
皈依佛門修齋過 ○ 同漊降下送麒麟 ○

十二残冬臘月天 ○ 梅花端正生癸干 ○
舜其修緣通天下 ○ 後有發達出賢人 ○
修道完成神仙奉 ○ 滿庭大供推花來 ○
六國都帝大天尊 ○ 當衣庭上納樓門 ○
前許洪恩今日謝 ○ 牲狀財馬達天尊 ○
辭別壇門聖返駕 ○ 番花裝掛在房門 ○
六國都帝大漊天 ○ 當衣庭上納樓前 ○

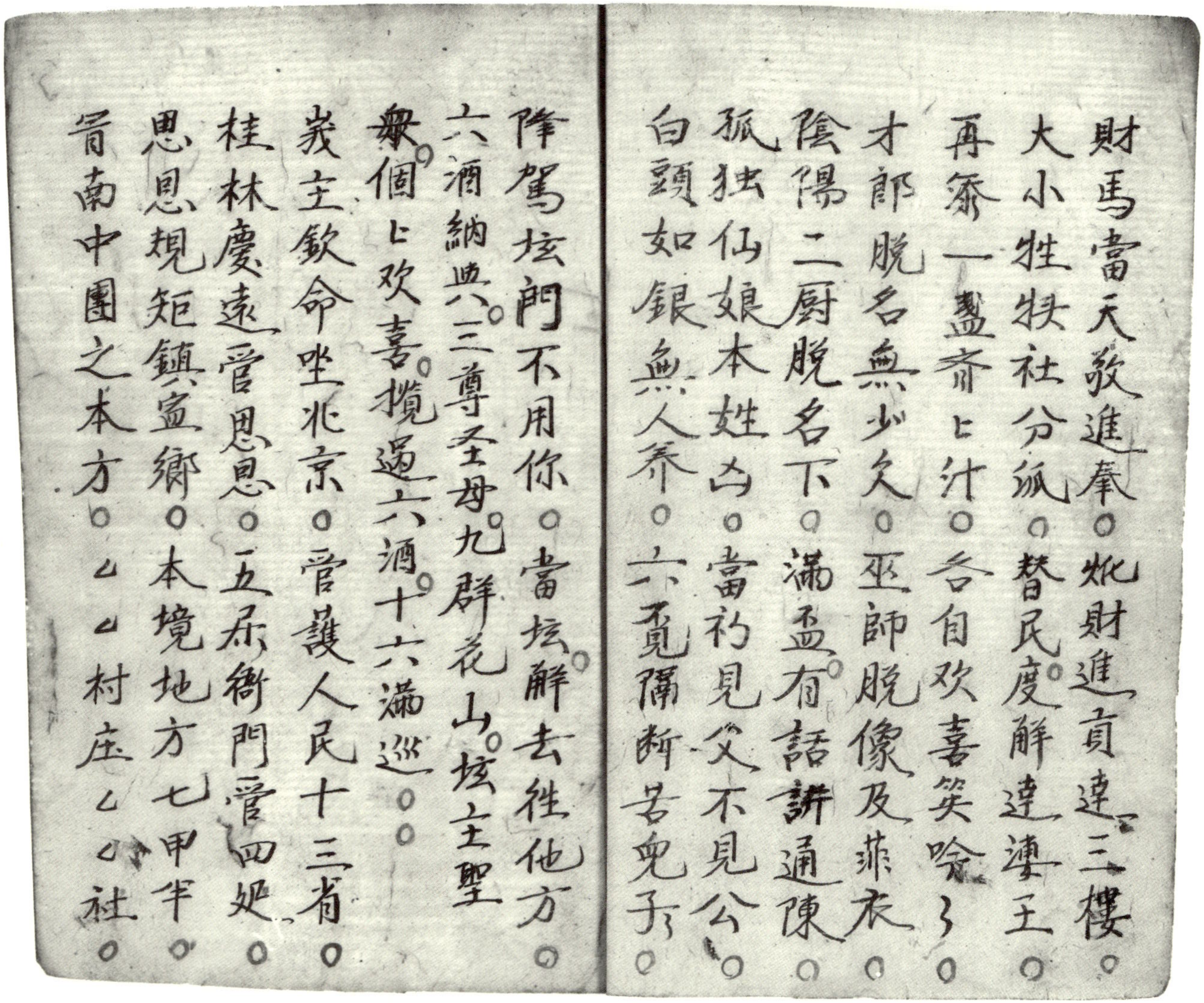
財馬當天敬進奉 〇 炏財進貢連三樓 〇
大小牲牲社分纸 〇 替民度解達婆王 〇
再帋一盞齊〻汁 〇 各自欢喜笑吟〻 〇
才郎脱名無少欠 〇 巫師脱像及非衣 〇
陰陽二厨脱名下 〇 滿盃有語講通陳 〇
孤独仙娘本姓凶 〇 當初見父不見公 〇
白頭如銀無人养 〇 六覔隔断苦兒子 〇
降駕坛門不用你 〇 當坛解去往他方 〇
六酒納典六三尊圣母九群花山坛主聖
衆個〻欢喜攬遍六酒十六滿巡
岌主欽命坐北京 〇 管護人民十三省 〇
桂林慶遠管恩息 〇 五尿衙門管四処 〇
恩息規矩鎮盈鄉 〇 本境地方七甲半 〇
肖南中團之本方 〇 乙乙村庄乙乙社 〇

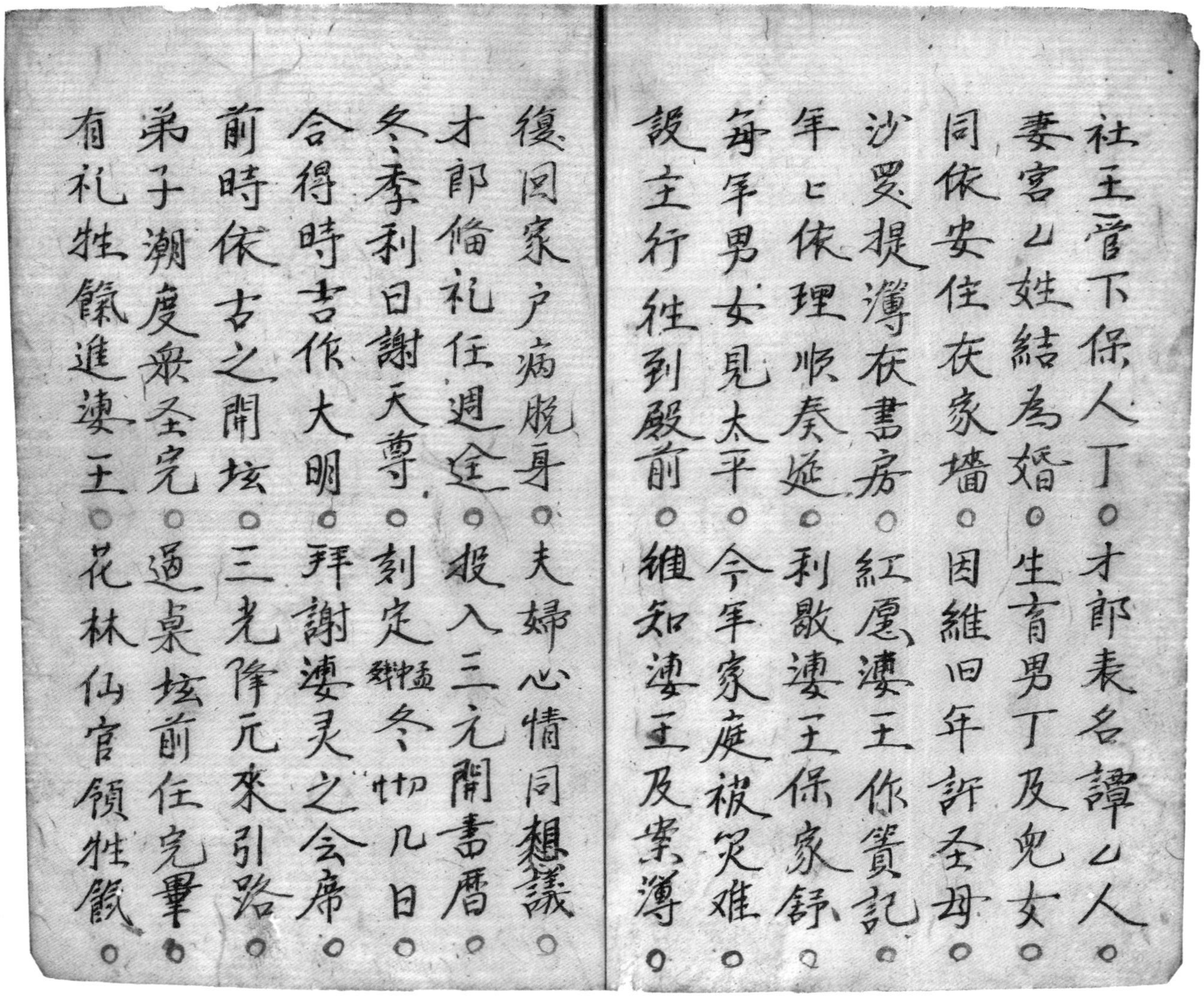
社王管下保人丁○才郎表名譚乜人○
妻宮乜姓結為婚○生育男丁及兒女○
同依安住在家墻○因維旧年許圣母○
沙罢提灣在書房○紅愿婁王作貫記○
年乜依理順奏延○利敬婁王保家舒○
每年男女見太平○今年家庭被災难○
設主行往到殿前○維知婁王及案灣○
復回家户病脱身○夫婦心情同想議○
才郎倫礼任週全○投入三元開書曆○
冬季利日謝天尊○刻定数忡孟冬乜卯几日○
合得時吉作大明○拜謝婁灵之会席○
前時依古之開坛○三光降元來引路○
弟子溯度衆圣完○過桌坛前任完畢○
有礼牲饌進婁王○花林仙官領牲饌○

今時慶備席周全。大供滿筵聖退步。
推花貴子應入房。才郎遠筵全大吉。
㪺燒薄曆達千年。當夜台前論鄉貫。
啟文衆位神仙領香。領花領茶領菓領
筵領席攬過通福夜前收攬比陳意者。
吋筵不保何因不求何事根求保佑花
付婁中。正月花紅所結。二月花葉初青。

三月清明結。四月立夏花行長生應度
五月端五花喑身姊朵起。六月大暑花
番七月立秋花現八月花串胚胎九月
花開滿足摧花九曲入房才郎遠筵
吉利罢筵永世太平一收孤寡宿二收
孤獨埋兜三收走恐花白四隔六害空
亡五解五方賊偷六解天狗胙魁北遣

虛花煞子八禁塞路栟胎不共同來樓
上不許騷乱真花婁王座駕坐筵替陽
保禁
禁數周全筵中復納六酒一巡添盃一巡
添盞三巡敬奉進貢婁王合完神圣喜
飲六酒復納筵仪
復納以畢復納以完筵中未罢放赦生寃

婁王發放開赦生寃家門男女設主夫妻
全齊家金拜謝花山求要東西北四畔五
色花明天乙貴人引奉打闹部送瓏璋
接福周全未筵復納六酒一巡添盃二
巡添盞三巡納共三尊圣母九群花山
坛主圣衆主人復納筵仪
納筵以畢以周受求賜福有伏開文天尊

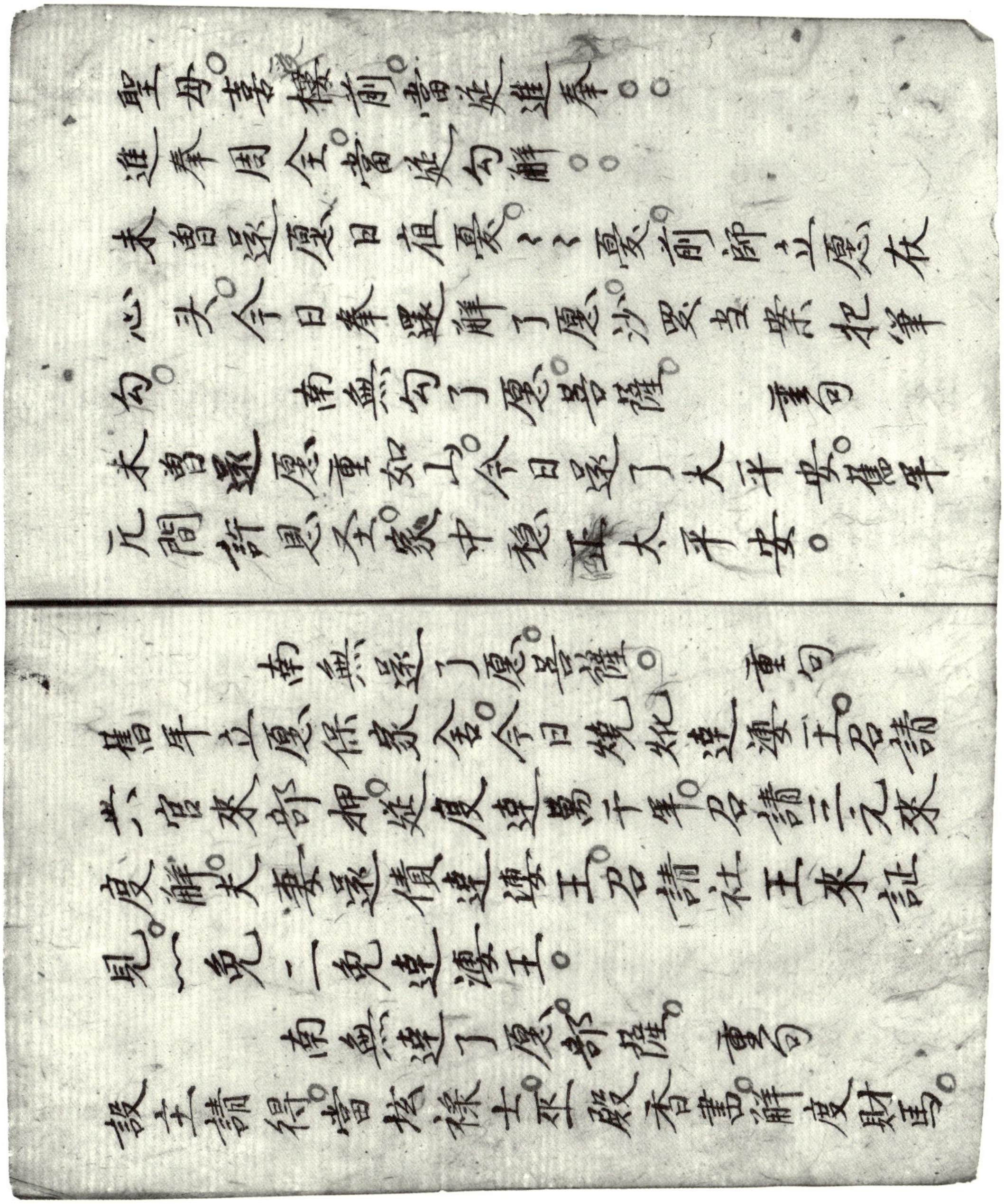

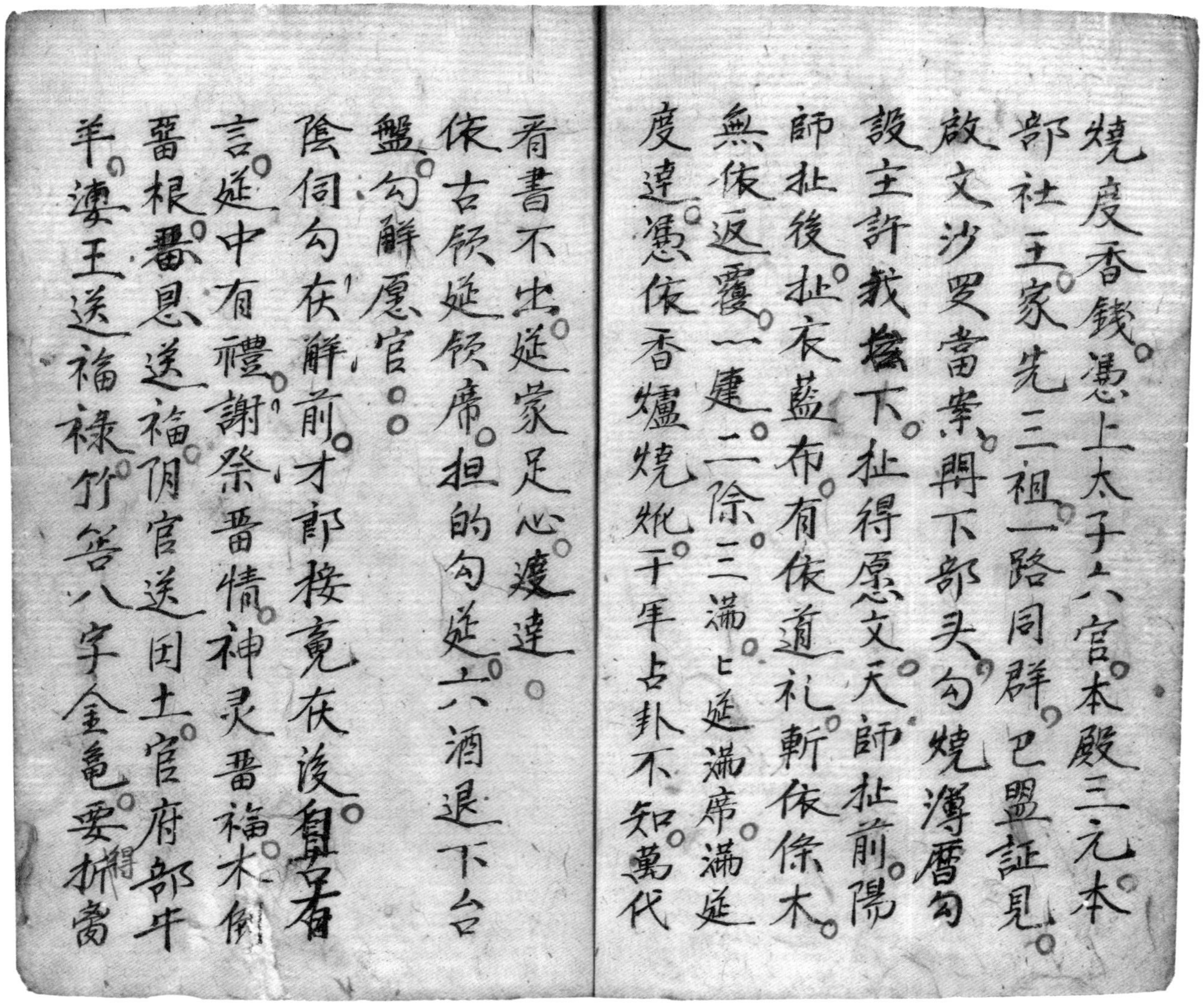
燒度香錢憑上太子六宫本殿三元本
部社王家先三祖一路同群巴盟証見
啟文沙罗當案冉下部头句燒灣曆句
設主許我[illegible]下扯得愿文天師扯前陽
師扯後扯衣藍布有依道礼斬依倸木
無依返覆一建二除三滿七延滿席滿延
度達憑依香爐燒炨千年占卦不知萬代
看書不出延蒙足心遼達
依古領延領席担的句延六酒退下台
盤勾觧愿官
陰伺勾衣觧前才郎接竟衣後自香
言延中有禮謝祭番情神灵番福木倒
番根番恩送福阴官送因土官府部牛
羊婆王送福禄竹笞八字金龟要折當

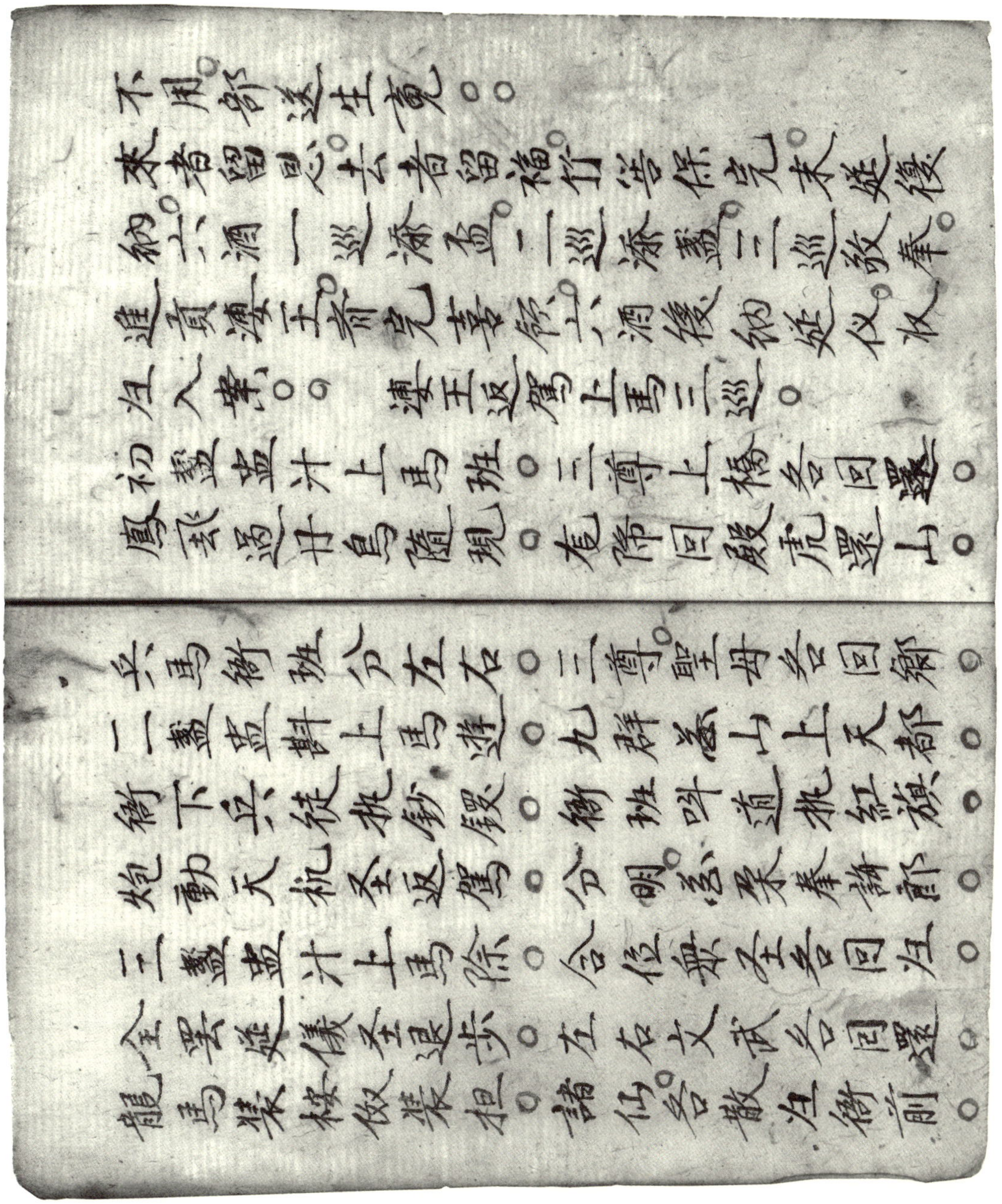

不用部送生寬。。
來者留忌。去者留福。竹答保完末筵後
納六。酒一巡添盃。二巡添盞。三巡敬奉
進貢淒王。齊完喜飯。六酒後納筵仪权
乜入案。。淒王返駕上馬三巡。
初盞盅汁上馬班。三尊上橋各回還。
鳳飛過廿鳥隨現。奄降回殿虎還山。
兵馬銜班分左右。三尊聖母各回鄉。
二盞盅斟上馬遊。九群巫山上天都。
銜下兵徒執鈔鑼。銜班吽道執紅旗。
炮動天机圣返駕。分明巫眾奉請郎。
三盞盅汁上馬除。合位無圣各回乜。
全罢筵儀圣退步。左右文武各回還。
龍馬裝桉儌裝担。諸仙各散乜銜前。

聖辭返駕全罢红延收執銀錢當天燒
紙　凄王攬過銀錢
奉請天台々々天師差我來地師差我
來設主典我來三元教我來教我紙錢
財々便成財紙便成銀馬便成馬紙財
紙馬連天台
銀錢財紙納典六國天尊聖母沙羅執

灣當案仙娘花林仙官六爵丹主合托（位）
生花家花府五位凄王上妻九天中娄
大白下楼三尊圣母九群总山上司上
宮中界下界本地肯南本殿三元本部
社王五祖皂君家先三祖喜受銀錢
三元祖師度解社王分派銀糸
庫裏錢送鬼々同鄉庫裏銀送鬼々

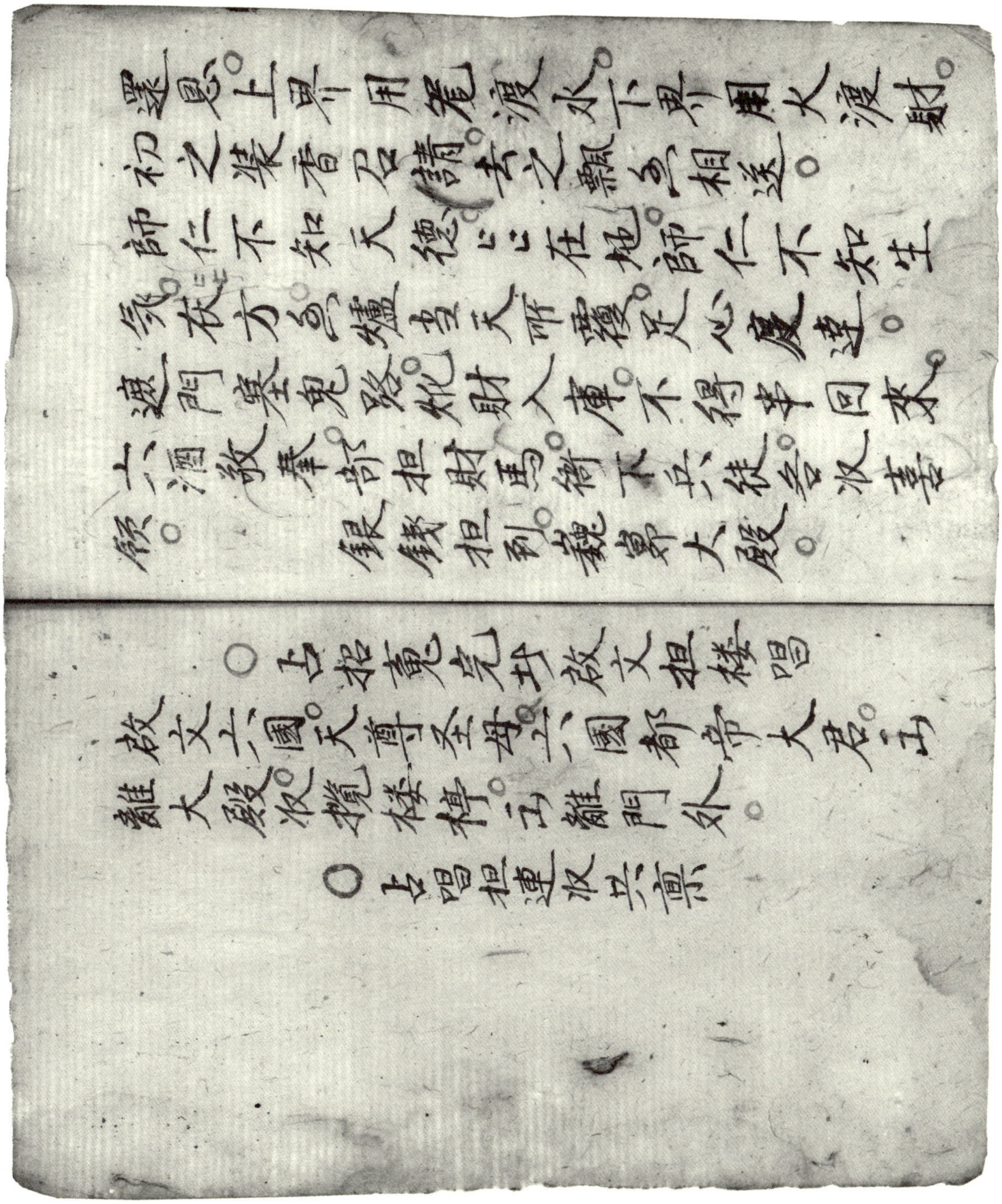

還恳上界用篭渡水。下界周火渡財。
初之裝香召請去之飄々相送。
師仁不知天德々々在地師仁不知生
氣衣々方々爐圭天所覆足心度達。
遮門塞鬼路炧財入庫不得串回來。
六酒敍奉部担財馬銜下兵徒各收喜
銀錢担到巍幕大殿。
領。

○占招竜完圤啟文担樓唱
啟文六國天尊圣母六國都帝大君玉
離大殿收攬樓樽玉離門外。
○占唱担連收共稟

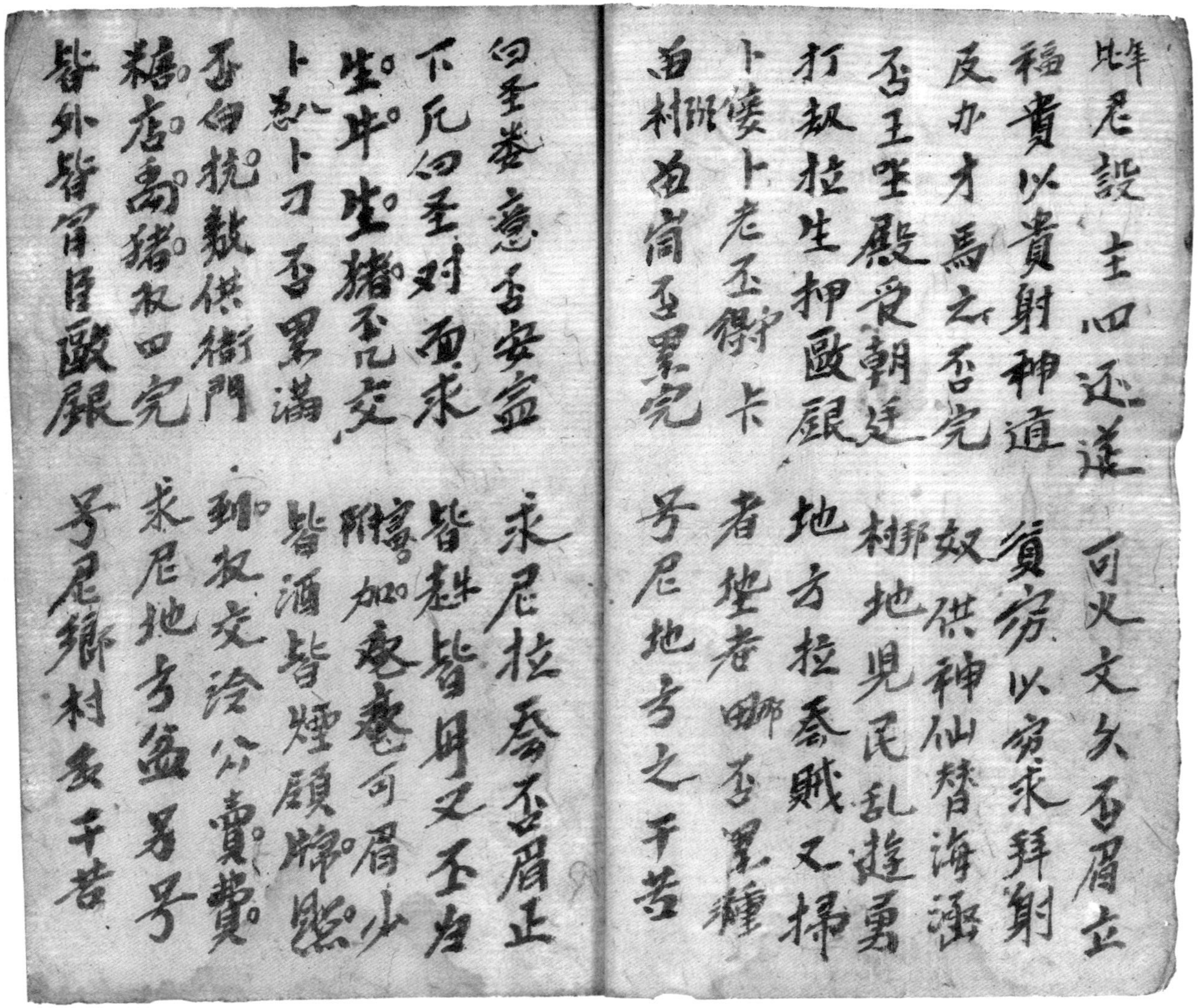
𫝀年尼設主四还蓬　可火文久歪眉立
福貴以貴射神道　貧窮以窮求拜躬
反力才馬之歪完　奴供神仙替海涵
歪王坐殿受朝廷　村邦地見民乱遊勇
打叔拉生押殴踉　地方拉叅賊又掃
卜婁卜老歪御卡　者堂者哪歪罢䊮
酉村班酉崗歪罢完　号尼地方之千苦
句圣叅意歪安盆　求尼拉叅歪眉正
下斤句圣对面求　皆赴皆身又歪自
生。牛。生。豬歪凡交　附寧加。奄奄可眉少
卜恩卜刀歪罢滿　皆酒皆煙顧帰。照
歪句挠。數供衙門　蛳叔交給公賫費。
糖。店。夀。豬。叔四完　求尼地方盆号号
皆外皆肖目殴踉　号尼鄉村多千苦

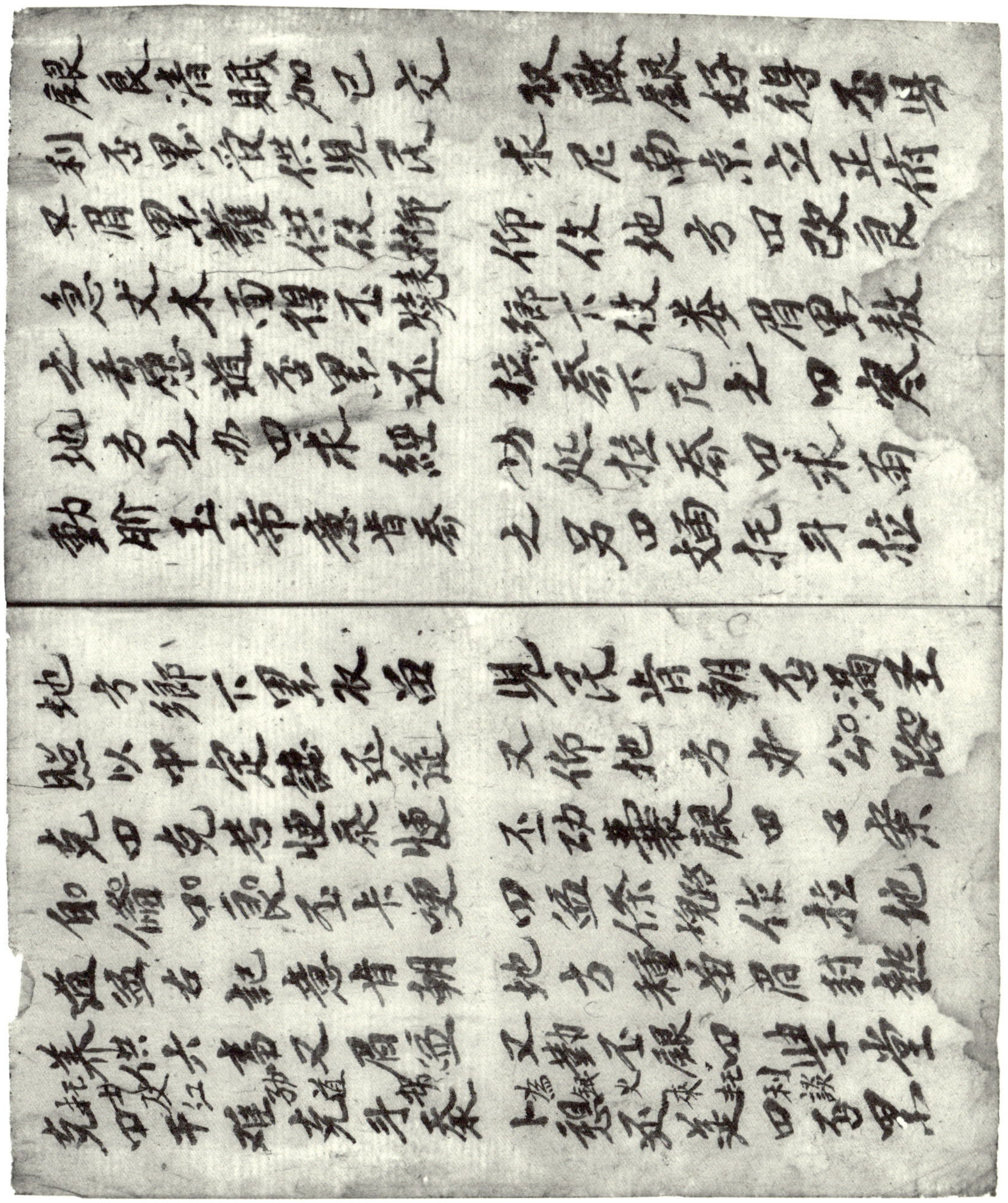

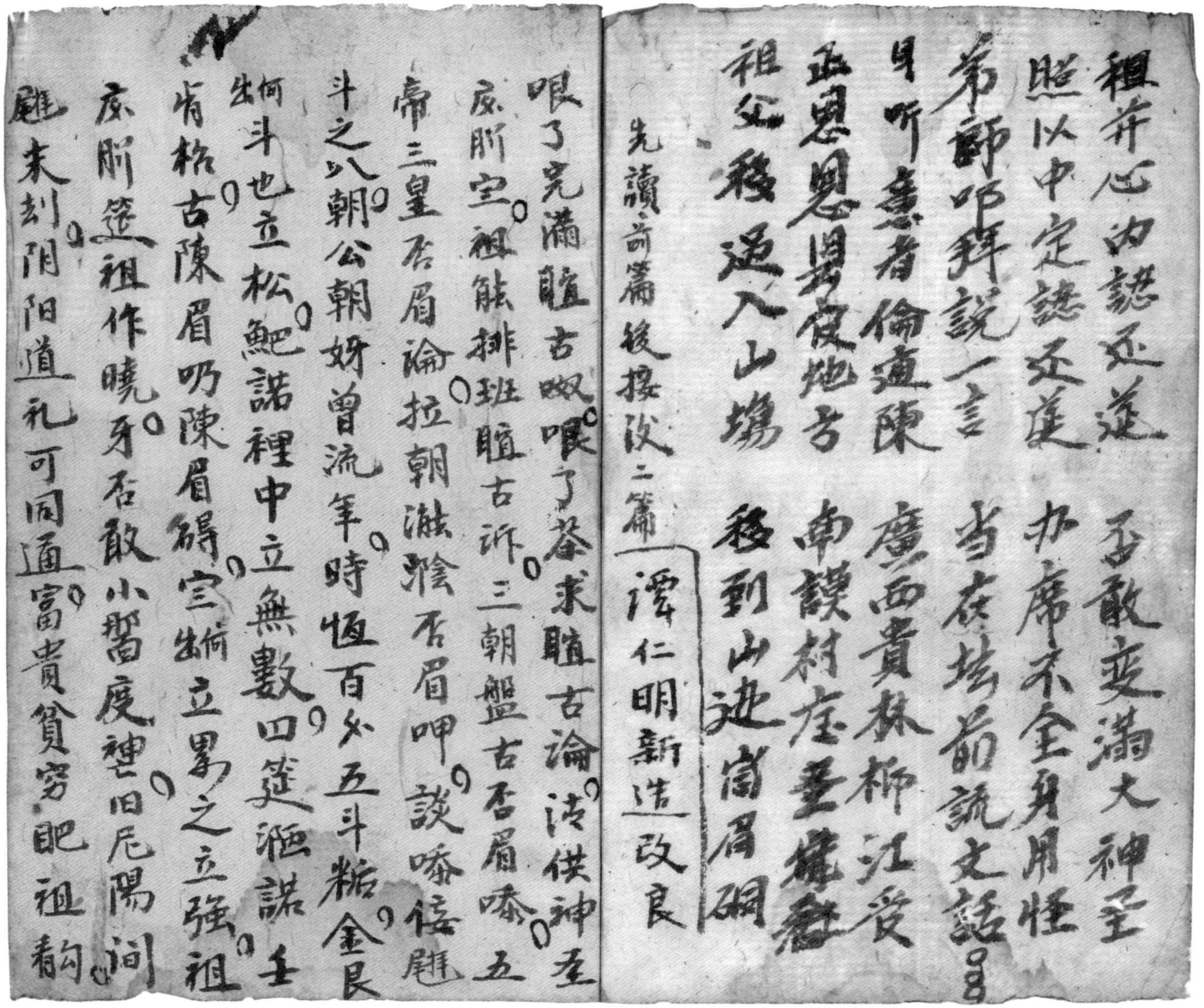

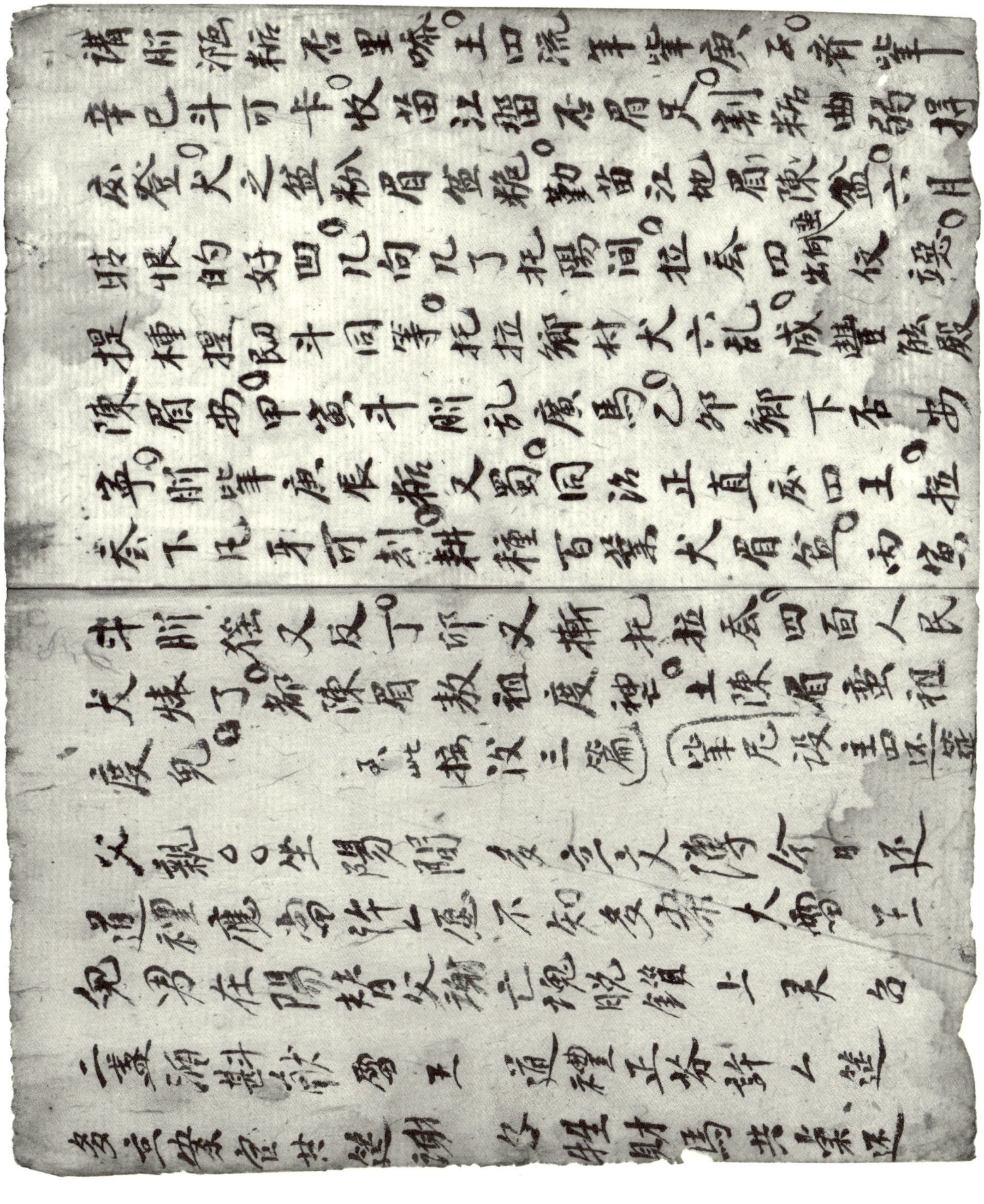

兔男当坛求赦宥　亡魂脱苦坐灵前
三　寀宫　八庙八寀通知完
重愿黄筵今日谢　多有财马今日还
阳時兔男求赦放　亡魂復轉坐宽容
与紅條
一條布條進仙宫吉日利時給紅蔦
結頭门门灵口訴復結兩手及結身
双脚結成與郎配夫妻同共憑璋
紅蔦雞蚕金雞生成包金色引五行
拾个児生共壹母子午卯酉你知完
見得紅蔦個個壽代男引女人房中